本书系 2019 年度上海市浦江人才计划（编号：2019PJC030）项目研究成果之一。

透视
可见的学习

VISIBLE
LEARNING
INSIGHTS

[新西兰]约翰·哈蒂（John Hattie）
[德]克劳斯·齐雷尔（Klaus Zierer） 著

施芳婷　伍绍杨 译

教育科学出版社

·北 京·

译者前言

儿童的学业成就是衡量学校教育质量的重要指标，受到学生、家庭、学校与社会等多方面的影响，针对学业成就影响因素的系统性研究往往是复杂且难以捉摸的。约翰·哈蒂（John Hattie）通过元分析综合的方法，整合了 20 世纪 80 年代以来关于学业成就的教育实证研究结果，最终形成了"可见的学习"的理论和见解。与此同时，经济合作与发展组织通过国际大规模测试和调查，包括"国际学生评估项目"（Program for International Student Assessment，PISA）和"教与学国际调查"（Teaching and Learning International Survey，TALIS），收集了大量关于世界各地教师、学校领导和学生的可比较和可解释的数据，这些数据也有助于探索学业成就与各种因素之间的相关性，从而解答什么影响学业成就这一重要问题。本文指出，两者虽然采用了不同的研究方法与维度，有不同的侧重点，但在结果上却存在一致性，即重新捍卫教师在教育过程中的重要角色。

一、什么最有效？——来自"可见的学习"的证据

约翰·哈蒂在 2008 年出版了《可见的学习：对 800 多项关于学业成就的元分析的综合报告》（*Visible Learning: A Synthesis of Over 800 Meta-Analyses Relating to Achievement*），立即引起了国际教育界的轰动，被认为是自 1966 年《科尔曼报告》以来最大规模的、基于证据的教育研究综述。[①] 大众媒体对此给予了极高的赞誉，认为其"揭示了教学的圣杯"——"寻找圣杯"通常喻指追寻真理或一直有效且精准的知识。[②] 同时，谷歌学术显示其在过去十年间被引用超过 2 万次，成为近二十年来影响力最大的教育著作之一。那么，"可见的学习"研究为什么能够产生如此广泛的影响，其主要结论是什么？

---

① 彭正梅. 寻求教学的"圣杯"：论哈蒂《可见的学习》及教育学的实证倾向 [J]. 教育发展研究，2015，35(6)：1-9.

② MANSELL, WARWICK. Research reveals teaching's Holy Grail[N]. The Times Educational Supplement, 2008-11-21(4815).

（一）"可见的学习"的方法论

特里·塞登（Terri Seddon）认为，"可见的学习"的概念在全球教育政策和专业网络中迅速传播，与其独特的方法论——以现代社会中最关心的有效性问题为主题、受生物医学逻辑影响的教育推理方式，以及最重要的是基于海量数据建构关于成功教育的知识有密切关系。"可见的学习"研究最为核心的部分使用的是元分析综合的方法，基本步骤包括：（1）个别研究报告对特定干预措施的定量测量结果；（2）元分析收集相关领域的研究，将测量结果转换为通用衡量标准，并将它们结合起来报告一个代表该领域干预措施的影响的估计值；（3）元分析综合在更广泛领域收集的元分析结果，并将这些估计值合并起来，以提供各个领域的影响力的排序。

元分析作为一种统计学技术目前已经被广泛运用于医学和心理学领域。它利用特定的数学方法，将多个原始研究的结果合并成一个总体的平均估计值，从而得出一个更加均衡和有说服力的结论，避免了样本过小和某些极端条件的干扰。与单一研究相比，元分析可以通过揭示某些研究的结果与基于样本的预测值之间是否存在差异，找出原始研究中的主要分歧，并通过调节效应分析探索造成不同结果的潜在原因，即哪些特征会对特定效应产生调节作用。图1展示了元分析研究在三个不同学科的权威数据库中的数量增长情况，包括美国教育部教育资源信息中心数据库（ERIC）、心理学文摘数据库（PsycINFO）、生物医药文献数据库（Medline）。在医学领域，元分析研究出现了指数式的增长，并且成为循证医学的重要环节。

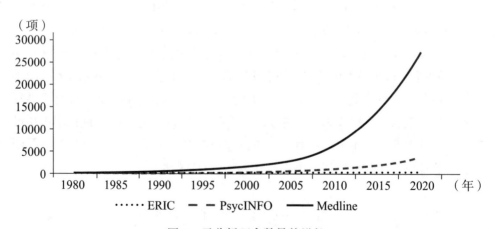

图1　元分析研究数量的增长

教育领域的元分析研究尽管增长缓慢，但到目前为止也积累了数千份，并且其中一部分与学业成就相关，而这成为"可见的学习"的基础。哈蒂的主要工作是收集所有与学业成就相关的元分析，计算不同影响因素的效应量（effect size，通常使用 Cohen's d），从而得出哪些因素有效、哪些因素无效的整体图景。哈蒂在 2008 年综合了 800 多项元分析，发现大多数影响因素都发挥正向影响，并且所有因素的平均效应量为 0.40。因此，他提出判断某项干预措施是否有效的关节点应该是 0.40，而非零点。他将 138 个影响因素按照效应量大小加以排序，得到了著名的"哈蒂排名"（Hattie Ranking），但这一排名在广泛传播的同时也引发了不少质疑，尤其是它可能会简化我们对教育的理解。

到了 2019 年，这一数据库已经扩展到 1400 多项元分析，涉及 8 万多项原始研究和 3 亿多学生，涵盖了 252 个因素。但哈蒂没有继续提供一份简单的排名，他与德国教学论专家克劳斯·齐雷尔（Klaus Zierer）合作，将学业成就的影响因素归类为"学生""家庭""学校""班级""课程""教师"与"教学"七大领域，并从德国传统教学论的视角出发，对元分析综合的结果进行了重新诠释：

- "学生""教师"与"课程"构成了传统意义上的"教学三角"，这三个领域之间形成了复杂的互动关系，这一关系可以被视为对教学领域的映射。

- "教学"被置于核心位置，在"教师""学生"与"课程"之间建立桥梁。"教学"领域由"教学策略""学习策略""实施方式"三个子领域构成，这意味着学生的学习是在教师的干预之下进行的——教师运用不同的教学策略介入学生的学习，学生使用各种学习策略开启学习，教师和学生以不同的方式实施课程。

- 在"教学三角"外部，"学校""班级""家庭"领域体现了教学过程所处的宏观环境，它们可能会对教与学产生不容忽视的影响，但这种影响更多是间接的、背景性的。

- 基于"可见的学习"的数据，我们可以计算"教学三角"中的每个区域的加权平均效应量①，直观地看到对学业成就影响最大的因素来自哪些领域。相对于"哈蒂排名"，这一方法可以更好地呈现学业成就研

---

① 指基于研究数量的加权。

究的整体图景，避免对单一高影响因素的过分关注。

• 从整体上看（见图2），超过关节点0.40的区域包括三处：一是教师及其教学策略，这也是效应量最高的区域（$d = 0.59$），和整体教学法；二是学生自身的认知能力、社会经济背景和学习策略；三是课程。

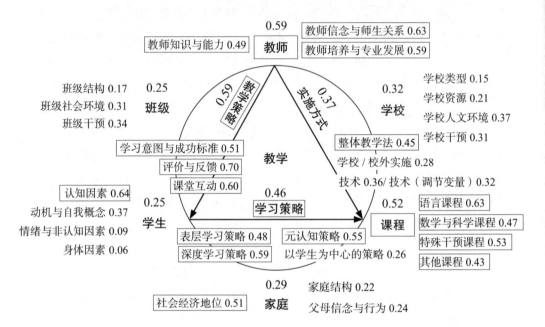

图2 "可见的学习"体现的"教学三角"及其效应量分布

（二）什么最有效？——影响学生学业成就的因素分析

1. 推动还是阻碍？

"学生"和"家庭"这两个领域显示了学生所处的起点，尽管学生的学业成就不可避免地受到自身的因素及其家庭背景的影响，但这也是学校教育难以干预的地方。初始条件的差异决定了这两个领域的因素是提供驱动力还是阻力。

（1）学生

学生是学习的主体，不可忽视的是学生之间存在个体差异，这些差异可能来自认知因素、动机与自我概念、情绪与非认知因素、身体因素。

从整体上看，对学业成就产生最大影响的是认知因素，这主要包括两个部分：一是学生所展现出来的、相对固定的认知能力和思维方式，类似于天赋或智商的概念，比如先前能力（$d = 0.82$）、工作记忆（$d = 0.67$）、场独立（即独立思考、不受干扰的思维倾向，$d = 0.55$）和创造力与成就（$d = 0.44$）等；二是学生当前所处的认知水平，通常与先前的学习相关，比如皮亚杰项目（即测量儿童所处的认知发展阶段，$d = 1.28$）、先前成就（$d = 0.54$），以及高中成就与大学成就和成年表现的关系（分别为 $d = 0.53$，$d = 0.37$）。

此外，学生的动机和自我概念也会影响学业成就，但需要指出的是，这种影响是交互的，因此很容易形成正向或负向的循环。比如，如果学生对自己在特定领域的能力感觉良好，那么他就更有可能在这一领域投入更多的精力，从而取得更好的学业成就；反过来，学生取得的高成就又会增强他的自我概念和动机。一个典型的因素是学生的自评成绩（$d = 1.22$），这表明学生对自己所能取得的成绩有准确的预期，而这种预期事实上是受到学生在过去取得的成绩的影响。

"学生"领域中对学业成就产生阻碍的因素包括：一是疾病，比如失聪（$d = -0.61$）和注意力缺陷多动障碍（多动症）（$d = -0.90$）；二是不良状态，比如抑郁（$d = -0.35$）、焦虑（$d = -0.37$）和厌学（$d = -0.49$）；三是可能会引发负迁移的先前能力，比如使用方言（$d = -0.29$）。总而言之，"学生"领域的很多因素是学生带进学校和课堂的品质和特征，它们构成了学习的起点。相较于学生的先前能力、认知水平和健康状况，教师更有可能对学生的动机、自我概念和情绪进行干预。哈蒂认为，对于"学生"领域，教师应该更多地关注那些能够被干预的条件和因素，理解它们并能够做出适当的反应，这也是哈蒂强调教师需要"善于激励"的原因。

（2）家庭

《科尔曼报告》的重要结论是，学业成就的最大影响因素来源于家庭，而非学校内部。然而，"可见的学习"的数据对这一结论提出了质疑，"家庭"领域的整体效应量相对较低，相关因素的效应量也分布在一个相对较小的区间内——家庭结构的影响相对较小；父母行为的影响基本上是好坏参半；影响最大的因素是社会经济地位（$d = 0.56$），以及随之形成的家庭环境（$d = 0.53$）。

社会经济地位与学业成就的关联通常有两种解释模型：一是亲代投资模型，经济困难会导致父母无法为孩子提供充足的资源、材料或机会（包括学业、医疗和营养等方面，父母参与的效应量为 0.42），因为谋生耗尽了他们的时间和精力，并且大部分收入用于满足最基本的生存需求；二是家庭压力模型，经济上的匮乏对父母的情绪和心理健康造成压力，增加婚姻冲突的风险（比如双亲家庭相对于离异或再婚家庭的效应量为 $d = 0.28$），导致父母难以采取一种关怀的、回应性的教养方式。此外，经济困难的家庭也可能面临一种结构性的限制，比如当家庭生活在治安混乱或者低教育投入的社区，孩子就可能面临教师流动性大和教育质量低等问题。社会经济地位以何种路径影响学业成就可能与地区文化或经济发展水平相关，比如在欠发达国家，社会经济地位更多是通过营养和医疗资源影响学业成就；而在发达国家，父母的教养方式及其所能提供的学习机会可能是更重要的中介变量。

值得指出的是，社会经济地位对孩子早期成长的影响更大，并随着学业生涯的发展逐渐削弱或累积。尽管家庭社会经济地位较低的孩子面临更加艰难的处境，但这并不意味着他们必然无法在学业上取得成功，关键在于学校能否提供有效的支持。因此，哈蒂强调，学校不应只是充当再生产随家庭背景而来的不平等的场所，而是作为学生发展轨迹的调节器，尤其是消除原生家庭可能带来的不利影响。

2. 结构与形式是否重要？

学校、班级和课程构成了教学过程所处的一种宏观结构和形式，这些结构性的因素单凭其本身收效甚微，必须通过身处这些结构当中的行动者的积极作为才能发挥作用。但这并不意味着它们不重要，恰恰相反，创设良好的学校文化、班级氛围，以及精心设计课程，可以有效地促进教学。当有效的政策在学校、班级和课程层面协同一致时，它们可以对学业成就产生强烈的累积效应。

（1）学校

"学校"领域的整体效应量并不高。首先，根据一些显著特征，学校被归为不同的类型，但在总体上，学校类型以及择校（$d = 0.12$）对学业成就的影响很轻微。其次，学校资源和物质条件的影响是有限的，增加财政投入（$d = 0.19$）存在边际效益下降的现象，但学校仍然需要一定规模（$d = 0.43$）来维持合理的投入产出比。当学校的建筑、照明、供暖、卫生设施等已经达到可接受的标准时，投资人力资源会是更好的选择。

学校人文环境能够产生更大的影响，其中，教师集体效能感是效应量最高的因素（$d = 1.57$），它指的是特定教育环境中的教师所共享的一种集体信念，即他们有足够的知识和能力改变学生，帮助学生取得更好的学习结果。教师集体效能感意味着教师采取一种积极介入学生学习的态度和行为，主要包含以下两个方面：一是教师相信自己有能力对学生产生理想的影响，对学生有高期望，相信每一位学生都能在适当的支持下取得更高的学习结果；二是教师需要向他们的同事分享他们的期望和想法（比如集体备课），并且检验它们是否充分且可实现。[1] 校长 / 学校领导者的效应量并不高（$d = 0.28$），但他们在营造一种合作互信的学校氛围，从而增强教师的集体效能感。

还有一部分干预措施被归类在"学校"领域中（这种分类可能存在争议）。总的来看，这些干预越早实施越好，早期干预（$d = 0.48$）和学前项目（$d = 0.30$）的效果优于中学阶段的干预（$d = 0.08$），尤其是对于那些处境不利或发展迟缓的儿童。此外，暑假（$d = -0.02$）、停学 / 开除学生（$d = -0.20$）会对学业成就带来负面影响。

（2）班级

"班级"领域大致可以分成班级结构、班级社会环境以及班级干预三个部分。班级结构与组织学生的方式有关。根据对学生能力的某种估计或判断对其进行分班或分组是一种被广泛使用的组织学生的方法，其主要假设是当教学、课程、资源和教师专业知识等与学生的能力水平相匹配时，学生的学习能够得到更大的支持。数据显示，小组学习（$d = 0.45$）有良好的效果，但与是否进行能力分班（$d = 0.11$）或班内分组（$d = 0.16$）没有太大关系。针对资优学生的能力分班似乎有更好的效果（$d = 0.20$），但这可能不是分班或分组本身带来的，而更多是因为这些班级通常拥有经验更丰富和资质更高的教师、开展与学生能力相匹配的差异化课程，以及体验更具挑战性的教学。

缩小班级规模被认为是最昂贵的教育改革项目之一，因为它涉及开设更多教室、购置更多设备和聘用更多教师，但数据显示，缩小班级规模（$d = 0.14$）并没有显著提高学业成就。这可能是边际效益下降的原因，欧美国家的班级规模通常在 30 人左右，将班级规模进一步降低到 10—15 人似乎收效甚微。哈蒂指出，一种常见的预设是较小的班级规模有利于实施以学生中心的教学、提供更大的创新空间，以及让教师能够关注到每个学生的需求，但事实上，教师不会因为班级规模缩小而自动地改变他们习惯的教学方式和策略。当班级规模小的优势无法被发挥出来时，这就变成了一项成本效益非常低的改革措施。

相较于班级结构，友爱和积极的班级社会环境更加重要，班级凝聚力和同伴影响都有较高的效应量（$d = 0.53$）；反之，如果学生感到自己不受班级欢迎，

① MOOSA V . Review of collective teacher efficacy research: Implications for teacher development, school administrators and education researchers[J]. International Journal of Theory and Application in Elementary and Secondary School Education, 2021, 3(1): 62–73.

其学业成就就会受到负面影响（$d = -0.23$）。班级层面的有效干预主要包括两方面：一是有利于维护良好班级秩序和纪律的措施，比如课堂行为干预（$d = 0.60$）、减少破坏性行为（$d = 0.59$）和班级管理（$d = 0.40$）；二是为学生提供了更加适合其水平的课程，比如跳级（$d = 0.58$）、拓展项目（$d = 0.53$）。留级（$d = -0.30$）会导致更低的学业成就，并增加学生后续失败和辍学的可能性，原因在于留级只会让他们重复同样的课程、任务和经验。

（3）课程

"课程"领域的平均效应量超过了关节点 0.40，并且所有因素的效应量都大于零，这表明所有课程或多或少都会对学业成就产生积极影响。精心设计的课程可以很大程度地促进学业成就，关键在于教师是否能够忠实地、有条理地实施课程，并根据实际情况做出灵活的调整。

毫无疑问，语言与读写是最为成熟的课程领域。元分析综合的结果展现了语言教学的五个层次：一是在语音学层次上，自然拼读教学法（$d = 0.86$）强调让学生掌握字母与读音的对应关系，以及这种规律在单词拼写和意义推断中的应用；二是在词汇学层次上，词汇项目（$d = 0.66$）和拼写项目（$d = 0.58$）有助于扩大学生的学术词汇量；三是在句法学层次上，反复阅读项目（$d = 0.90$）有助于促进学生词汇识别和解码技能的自动化，从而增强阅读流畅性；四是在语义学层面上，阅读理解项目（$d = 0.48$）和泛读项目（$d = 0.93$）侧重于与增强学生对文本和段落的理解和掌握相关的技巧；五是在语言运用层次上，写作项目（$d = 0.45$）更强调语言的综合运用。这种语言的分层次教学远比整体语言教学法（$d = 0.13$）更加有效，凸显出刻意教学的重要性。

数学与科学领域最有效的课程形式是概念转变项目（$d = 0.94$），通过引导学生关注那些文本中的矛盾信息或提供与其现有信念相悖的内容，引发学生认知冲突，促使他们以更清晰、合理的概念取代原有的观念，产生积极的认知结果。视知觉项目（$d = 0.66$）、触觉刺激项目（$d = 0.58$）等针对特殊学生的康复性课程通常有较高的效应量。此外，还有很多课程通常并不在学校的常规课表上，但仍然能够产生良好的效果，比如创造力项目（$d = 0.65$）、户外 / 探险项目（$d = 0.49$）和社交技能项目（$d = 0.44$）。

3. 卓越教师应该具备何种品质?

"教师"领域包括教师的能力与品质、信念与行为，以及专业发展三个方面的所有因素。作为教育过程的主要行动者，教师最有可能真正地影响学生。但显然不是所有教师都能达到这种水平，有一些特质或因素使卓越教师与其他教师区分开来，它们也是教师自身影响力的重要来源。

在能力与品质方面，学生感知到的教师可信度是影响最大的因素（$d = 0.90$），而这种可信度本身建立在教师所展现出来的胜任力、公正和友善的品质，以及无微不至的关怀（包括共情、理解和回应性）上。影响次之的是教师清晰度（$d = 0.75$），它是指教师对学习的目标、内容、方法和媒介有深入思考，并把这些思考分享给学生，它确保师生都知道什么是成功的学习，以及如何实现目标。相较之下，教师的个性（$d = 0.26$）或其拥有多少学科知识（$d = 0.10$）似乎不是很重要。哈蒂指出，教师是否能够真正发挥其影响力，取决于学科知识、教育能力和教学能力的相互作用，并且将正确的心智框架融入日常教学中去。

在信念与行为方面，教师预估的学业成就（$d = 1.42$）与学生真实表现的相关性非常高，但这更多的是意味着教师通常能够准确地判断学生的学业水平。教师通过提问、观察、书面作业、任务和测试等方式预估学生的学业成就，而这种预估反过来成为教师建立期望（$d = 0.57$）、设定目标以及采用策略的基准和参照系。还值得一提的是教师如何处理师生关系，积极的师生关系（$d = 0.63$）和不给学生贴标签（$d = 0.61$）都能发挥十分正面的作用，这使学生更加敢于走出自己的舒适区、迎接挑战，在犯错和失败以后能够树立再次尝试的信心，向教师寻求反馈和帮助。

教师专业发展是增强其影响力的重要途径。其中最有效的方式是微格教学（$d = 1.01$），它将学生或教师在课堂上的行为和表现记录下来，使教师在课后能够对特定的微观实践进行复盘和回顾，这种方法能够让教师审视他们对学生的影响，从而为后续的改进开启了可能性。相较之下，大部分教师教育（$d = 0.12$）项目的效果都差强人意，这显示了教师教育目前面临的困境。

4. 教学主体如何互动与对话？

"教学"领域体现了教师、学生和世界（学习对象）之间的互动，这是研究最为深入的领域，接近三分之一的影响因素都可以被纳入这一范畴。尽管许多策略都是有效的，但当教师和学生采取某种策略，他们就有可能错过更有效的策略，付出高昂的机会成本，因此最关键的是在合适的时机选择最有效的策略。

（1）学习策略

元分析综合结果清晰地表明，大多数学习策略都有十分积极的影响。然而，学生并不会自然而然地使用有效的策略，他们需要被教导如何掌握多种学习策略，并在合适的时机使用它们。哈蒂将学习划分成表层学习、深层学习和迁移学习，每个学习阶段都有特定的针对性学习策略：

- 在表层学习阶段，划线和高亮（$d = 0.50$）有利于对关键信息的选择性注意；记忆术（$d = 0.78$）、复述与记忆（$d = 0.57$）促使短时记忆转化为长时记忆；刻意练习（$d = 0.49$）有利于巩固已有的学习成果。这些策略使学生能够建立牢固的知识基础，为后续的应用和迁移做好准备，对那些初学者或学业成就较低的学生的测试表现有很大的促进作用。

- 在深层学习阶段，结合先前知识（$d = 0.93$）帮助学生在新旧知识之间建立联系；总结（$d = 0.90$）、精细化与组织（$d = 0.75$）、概述和转述（$d = 0.75$）等策略则有助于对获得的知识进行重新组织、编码和内化。这些策略使学生形成对概念及其相互关系更深入的理解。

- 在迁移学习阶段，元认知策略发挥更重要的作用，比如管理自己的努力程度（$d = 0.77$），将学到的知识和技能迁移到陌生情境（$d = 0.75$），通过出声思考把自己的思维过程具体化（$d = 0.62$）。完成任务后，他们评价和反思过程和结果的充分性和合理性（$d = 0.75$）。在遇到困难时，向更有能力者寻求帮助（$d = 0.66$）。这些策略体现了"可见的学习"的一个重要理念，即让学生逐步成为自己的老师，具备终身学习所需的能力。

相比于目前学校教育和课堂过于强调记忆和练习的普遍现状，强调教授深度学习和元认知策略会更有价值，也更有助于培养学生的高阶能力。此外，还有一些学习策略强调学生的核心地位，要求对学生不同的学习需求、兴趣或者文化背景做出回应，比如学习风格匹配（$d = 0.31$）、个性化教学（$d = 0.23$）等，但这些策略的效果并不显著。

（2）教学策略

教学大致可以划分为设定目标与标准、课堂教学互动、评价与反馈，并且这三个方面的策略都有良好的效果。

学习目标与成功标准使教学具有目标感。认知任务分析（$d = 1.09$）是效果最好的策略，它将真实世界中的复杂任务拆解成多个认知步骤，并以此作为教学设计的基础，常常被应用于学术、运动、军事和医学等领域，但缺点在于需要专家参与和耗费较多时间。[①] 掌握学习（$d = 0.60$）要求学生重复学习特定的知识和技能直至达到规定的掌握水平之后再进入下一阶段的学习，同样能带来良好的效果。此外，设定有适度挑战性的目标（$d = 0.60$），使其落在学生的最近发展区，并以样例（$d = 0.47$）的方式展示成功标准，是教师可以在日常教学中运用的有效策略。

评价与反馈是师生展开对话与沟通的重要主题，哈蒂甚至指出"可见的学习"所要传达的最重要信息是增加反馈（$d = 0.70$）。效应量最大的因素是干预反应法（$d = 1.34$），该方法最初是为特殊学生设计的，后来被运用在全纳背景下的普通教育。干预反应法通常采取多层预防模型的形式：在第一层，教师向所有学生教授常规课程；在第二层，教师对那些无法取得预期学习结果的学生进行评估和采取小组形式的干预；在第三层，针对那些在前两层干预中都没有达到预期结果的学生进行干预，通常是一对一的补偿性教学。

此外，教师在课堂上还可以采取很多互动策略，比如课堂讨论、同伴辅导和绘制概念图等。课堂讨论（$d = 0.82$）是发展深度理解最有影响力的方法之一，但它并不适用于所有情况，其前提是学生有较高的掌握程度和表达能力。同伴辅导（$d = 0.66$）是通过与地位平等和能力匹配的同伴进行互动与合作来获取知识与技能的教学策略，它可以增强学生的参与度，让学生分担教学的责任，从而对学业成就产生积极影响。

（3）实施方式

实施方式描述的是教师实施课程和教学的整体风格，以及所使用的技术工具。教师在课堂上采取的教学法可以呈现出特定的风格与特征，大体上可以分为：强调教师主导的教学法，比如支架式教学、交互式教学和直接教学；强调合作的教学法，比如拼图法、合作学习；强调学生自主探究的教学法，比如探究式学习、发现学习；强调特定思维技能的教学法，比如问题解决式教学、归纳教学。

教师主导的教学法强调专家主导的社会互动在学习中起重要作用，为儿童的认知发展提供推动力，这种观点可在维果茨基和杜威的著作中找到依据。比如，支架式教学（$d = 0.96$）是一种强有力的教学策略，教师通过示范、出声思

[①] Tofel-Grehl C, Feldon D F. Cognitive task analysis–based training: A meta-analysis of studies[J]. Journal of Cognitive Engineering and Decision Making, 2013, 7(3): 293–304.

考和提示等形式为学生搭建脚手架，当学生逐渐掌握各种阅读策略以后再撤去支架，引导学生走向自我导向的学习。同样，交互式教学（$d = 0.74$）对学业成就产生很积极的影响，由教师示范如何运用提问、总结、澄清和预测四种策略去理解文本和监控自己的思维过程，然后学生在教师的指导下开始尝试运用这些策略，并逐渐将引导对话的责任转移到学生身上。

合作学习强调师生之间的沟通和共同分担学习责任。合作学习的总体效应量为 0.47，但这不足以表明其重要性，因为合作学习的具体形式十分多样，其中一些形式的效应量达到了非常高的水平。比如，拼图法是效应量最高的策略之一（$d = 1.20$），其基本形式是先给学生分配不同主题的学习材料，然后让学生先后在相同主题和不同主题的小组中进行分享与讨论，最后由小组代表在课堂上分享主要观点。拼图法的优点在于让所有学生都分担了学习责任，每个学生对于最终的学习成果展示都是不可或缺的，这很大程度上激发了学生的学习动机与热情。

强调学生自主探究的教学法的效应量相对较低，比如探究式教学（$d = 0.41$）、基于问题的学习（$d = 0.33$）和发现式教学（$d = 0.27$），因为这些方法更适合知识和能力已经达到较高水平的学生，对新手而言，它可能施加了过高的认知要求。以探究式学习为例，学生需要体验学术研究的思维过程，包括提出问题和假设、开展调查或实验、验证猜想和总结等，这种探究的过程建立在对基础知识的熟练运用之上，并且需要耗费较多的时间，对基础薄弱的学生而言是一个很大的挑战。但这并不意味着这些以学生为中心的教学法不重要，相反，自主探究能力在大学和终身学习阶段将会发挥越来越重要的作用。

这一子领域的另一个重要主题是技术因素如何影响学业成就。从元分析综合的结果来看，技术的总体影响低于关节点，它并没有像人们预想的那样带来变革性的影响。效果最好的教育技术是交互式视频法（$d = 0.52$）和智能辅导系统（$d = 0.45$）：交互式视频使抽象的内容形象化，对科学学习有较大的帮助；智能辅导系统通过自适应测试识别学习差距，提供针对性的学习材料和即时性反馈，也有较好的效应。相较之下，远程教育技术（$d = 0.02$）对学业成就几乎没有影响，这可能是由于远程环境中普遍缺乏互动性的要素。此外，元分析综合也分析了影响技术效果的调节变量，结果显示，技术使用对特殊学生有更大的益处，技术在小学阶段（$d = 0.44$）的影响大于大学和高中阶段，在写作教学中使用技术（$d = 0.43$）的效果优于数学、阅读和科学。

二、如何培养积极和高成就的学生？——来自 PISA-TALIS 的证据

PISA 是一项针对 15 岁学生开展的国际学业成就测试，旨在评估各国学生在阅读、数学和科学等方面的表现；而 TALIS 则是一项针对在参与 PISA 测试的学校工作的教师和学校领导者开展的问卷调查，旨在了解他们的意见、信念及其对自己的教育实践的叙述。经济合作与发展组织的一项研究使用了一种监督机器学习技术，即套索回归分析（Lasso）[①]，探讨 PISA-TALIS 的相关性，展示了与学业成就相关的各种影响因素的整体图景，并且尝试回答教师和学校应该做什么来培养积极的、高成就的学生。这项研究收集了澳大利亚、阿根廷、越南等九个国家的数据。

（一）PISA–TALIS 的学业成就模型

PISA-TALIS 的学业成就模型将"学业成就"定义为学生在 PISA 测试中的阅读、数学和科学方面上的表现，并且将影响学业成就的因素归类为学校、教师和学生三个维度。学校和教师维度的因素对学业成就有直接或间接的影响，并且这些因素之间是普遍联系与互相影响的。基于 PISA-TALIS 的数据，可得出如图 3 所示的学业成就模型。

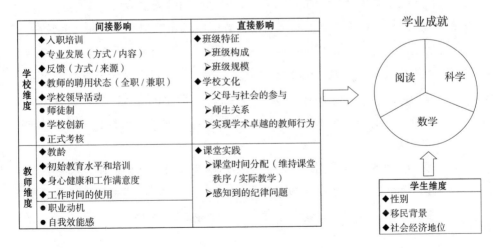

图 3　PISA-TALIS 的学业成就模型

---

① Lasso 回归是一种同时进行特征选择和正则化的回归分析方法，旨在增强统计模型的预测准确性和可解释性。

1. 教师维度——课堂实践最重要

在教师维度中，课堂实践对学业成就产生直接影响，涵盖了课堂时间分配、规划和教学的自主权、课堂的纪律氛围、关于教学清晰度和认知激活的教学策略、多元评估实践等指标。但数据分析显示，产生显著差异的是课堂时间分配和课堂的纪律氛围，分配到教学和学术指导的时间越多，维持课堂秩序的时间越少，学生的学业成就越高。①

在教学策略上，认知激活策略（比如鼓励学生解释他们的思考过程、采取多种方法解决问题、将问题与现实生活联系起来）在总体上有利于提高学业成就和将知识应用于新情境的能力。教师主导的教学策略，比如清晰地陈述学习目标、提供即时反馈、要求学生重复相同的任务直至理解等，则呈现出分化的结果：对于学业成就较低或一般的学校，它会产生中性到积极的结果；但对于学业成就较高的学校，它可能会产生负面影响。②

除此以外，教师维度中更多因素对学业成就产生了间接影响，包括：

- 教龄。但教龄的积极作用只在数学中有显著的表现。
- 初始教育和培训。教师的学历水平并没有普遍的重要性，只有当教师拥有博士学位，才会对学业成就产生显著性影响。当数学教师感知到自己有能力教授所有学科内容时，学业成就会更高。
- 幸福感与工作满意度。教师对工作环境的满意度越高，学业成就越高。但这也存在一些反常的结果：教师感知到的工作负担压力与学业成就呈正相关关系，教师的职业满意度、感知到的社会地位与学业成就呈负相关关系。这可能被解释为在学业成就更高的学校，教师面临的压力越大、职业满意度越低，并且在这种环境中，教师职业的地位也相对较低。
- 工作时间的使用。当工作时间更多地被用于批改作业、考试和提供建设性和即时反馈，学业成就会更高；由于工作时间是恒定的，当它更多被分配到行政管理或专业发展上，学业成就会降低。

---

① OECD. Positive, High-achieving Students? What Schools and Teachers Can Do[R]. Paris: OECD Publishing, 2021.

② LE DONNÉ N, FRASER P, BOUSQUET G. Teaching strategies for instructional quality: Insights from the TALIS-PISA link data[R]. Paris: OECD Publishing, 2016.

此外，数据显示，教师的自我效能感和职业动机对学业成就没有显著影响。

2. 学校维度——学校人文环境最重要

在学校维度，班级特征和学校文化对学业成就产生直接影响。首先，班级的学生构成对学业成就有显著影响，班级的资优学生比例越大，学业成就越高；反之，低成就学生、特殊学生和有行为问题的学生的比例越大，学业成就越低。原因在于，一方面能力分班在各国学校教育中被普遍实施；另一方面同伴效应会直接影响同龄人的动机、行为和最终的学业表现。在高学业成就的班级环境中，学生不仅能够相互学习，并且同伴竞争也会使学生更有动力、更努力地学习，学生的教育期望和职业抱负都会受到积极影响；但在一种混乱的班级环境中，学生的破坏性行为会缩短教学时间，教师为照顾低成就学生而降低标准的做法也会削弱他们取得更高成绩的可能性。① 其次，班级规模因素的数据呈现出一个反直觉的结果，即学校的平均班级规模与学业成就之间呈现显著的正相关。数据显示，较小的班级规模意味着更多的实际教学时间，但并不能预测教师采取何种教学策略，以及教学质量如何。

学校文化是一个多方面的概念，包括利益相关者参与决策、协作的学校文化，师生关系，学业压力，父母和社区的参与等指标。数据显示，父母和社区的参与对学业成就产生了显著的积极影响，尤其是当学校、家庭和社区形成了一致的高期望和聚焦于学术的氛围。此外，积极的师生关系是学业成就的有效预测指标，是有效学习环境的重要组成部分。

除此以外，学校维度对学业成就产生间接影响的因素包括：

- 入职培训。新手教师不仅缺乏经验，而且常常面临更具挑战性的工作条件，因此入职支持对新手教师的发展至关重要。参与入职培训的教师倾向于报告更高的自我效能感和工作满意度，并且与学业成就有正相关关系。
- 专业发展。教师在其职业生涯的不同阶段有不同的专业需求，专业发展对于提高教师的技能和优化课堂实践有重要作用。但数据显示，专业发展的效果有很大的差异。在形式上，在线课堂和研讨会、阅读专业文献有积极影响，但参访其他学校和参加专业组织则有负面影响。

---

① OECD. PISA 2018 results (Volume Ⅱ): Where all students can succeed[R]. Paris: OECD Publishing, 2019.

在内容上，只有当专业发展与发展学科知识和理解有关，才会产生积极影响，与学校行政管理、个性化学习和教授特殊学生相关的专业发展则不会产生积极影响。

- 反馈。以评估或考核的形式向教师提供反馈，有利于提高教学质量。通过肯定教师的优点和长处、弥补其教学实践中的弱点，反馈可以提高教师的有效性。反馈也与教师的工作满意度有显著的正相关关系。[①]
- 教师的雇佣状态。教师的雇佣状态反映了学校在系统层面的特征。当教师以兼职或代课的身份出现在学校中，会导致压力、不安全感和不可预测性，阻碍教师全身心地投入教学，从而对学业成就产生负面影响。
- 学校领导行为。数据显示，学校领导者采取行动的频率与学业成就呈负相关，无论是与教师合作解决课堂纪律问题、开发新的教学实践，还是开展有挑战性的工作任务。这可能是由于在高成就学校，学校领导者通常不会定期参与这些活动。

然而，数据显示，教师之间的合作、对改革和创新的开放性、学徒制（由资深教师指导新手教师）和绩效考核等因素与学业成就之间没有显著的相关性，对学业成就差异的解释力相对较低。

3. 学生维度

基于 PISA 2018 的数据，学生的社会经济背景、性别和移民背景是学业成就的影响因素。学生能否在学校取得成功的最稳定的预测因素之一是社会经济背景，包括父母学历、职业和家庭财产等因素。性别对学业成就也有影响，具体而言，女生的阅读成绩显著高于男生，但在数学和科学上，两者差异不大。此外，除了少数对移民有严格限制的国家，在大多数国家，学生移民身份对学业成就有负面影响。

---

① OECD. TALIS 2018 results (Volume II): Teachers and school leaders as valued professionals[R]. Paris: OECD Publishing, 2020.

三、重新捍卫教学：比较与结论

（一）比较：可见的学习与 PISA-TALIS 传递的共同信息

长期以来，教育政策和研究的一个重要主题是找出那些能够帮助年轻一代在学习和今后的生活中取得成功的因素，这种对有效性的追寻也被比喻成"寻找圣杯"。但在现实中，影响学业成就的因素是错综复杂且相互作用的，这种追寻是艰苦的，甚至有可能徒劳无功。尽管如此，哈蒂的"可见的学习"和OECD 的 PISA-TALIS 以不同的方法建构了不同的模型，在这种追寻上做出了基于证据的大胆尝试。有趣的是，两者似乎传递出一些共同信息。

第一，什么是无力的？从"可见的学习"与 PISA-TALIS 的研究结果中，我们可以看到对结构的改变是无力的，更重要的是与人相关的因素。对于结构的改变与调整往往是学校进行教育改革时投入最大的方面——教室的翻新、硬件设备与技术的更新，以及班级结构的调整，而这些对学业成就的影响很轻微。相反，由父母、同伴以及教师构成的支持性的社会环境和文化氛围有更显著的影响，并且这种影响是潜移默化且无处不在的。特别是在课堂上，良好的纪律氛围和班级秩序能够确保时间能够被真正用在教与学上。

第二，什么是不能改变的和可以改变的？决定学生的学业成就的许多因素可能是学校和教师无法企及的，包括学生的身体状况、能力和态度，家庭的社会经济地位和支持，以及同伴群体效应。"可见的学习"与 PISA-TALIS 都肯定了社会经济地位是预测学业成就的重要指标，并且由于因素之间是普遍联系的，社会经济地位很可能对其他因素也产生调节作用。然而，家庭背景牵涉更宏观的社会结构和公平问题，高成就的学校和学生都呈现出一种集聚效应。但这是否意味着低成就的学区和学校，处于不利处境的学生，只能接受命运的安排？事实上，数据显示真正能够带来改变的唯一变量是教师，或者说是教师的信念、行为和教学实践。在某种意义上，这也是教师所承担的责任和使命，正如 PISA-TALIS 显示，那些成功的教师总是敢于担当和愿意承受更大压力。

第三，卓越教师具备何种特征？幸运的是，卓越教师不只是出现在高成就的学校，而是有可能出现在任何地方。"可见的学习"与 PISA-TALIS 都显示，教师的学历和拥有的学科知识并不是重要的因素，相反，教师的可信度、信念和承诺等个体特征对学生的成就影响最大。教育不仅是知识的传授，更有着情感的传递。教师的热忱对学生态度有着积极影响，能够激发学生更大的内在动机、快乐和活力。当我们回忆起学生时代时，往往是那些充满热忱的教师给我们留下了最深刻的印象，对教育本身的热爱与热情也是一个教师能在自己的职业生涯中不断寻求精进的动力。正如哈蒂所言，"这份热忱不仅对成为一名成功的教师很重要，而且对长期从事这一富有挑战性的职业很重要，因此，也对成为一名长期保持成功的教师很重要"[1]。

第四，卓越教师应该采取哪些行动？哈蒂认为，教师应该成为"激活者""评价者""适应性的学习专家"，这种判断在 PISA-TALIS 也得到了印证。首先，在课堂实践中，认知激活策略是最有效的，教师可以通过提出开放性问题、提示学生从多个维度出发思考问题，以及要求学生出声思考等方式，激发学生的兴趣和求知欲。其次，评价与反馈的重要作用在两个研究中都得到了确认，教师不仅要向学生提供有建设性的即时反馈，还应该寻求关于自身教学实践有效性的反馈，这种反馈对于教学的精进和专业化至关重要。最后，"可见的学习"展现了过去人类已经开发了的种类繁多的学习和教学策略，大部分策略都产生了超过关节点的影响力，教师不仅教授学科知识，而且要教导学生更好地掌握和运用这些策略，这构成了终身学习的核心能力。

第五，对学习有何启示？PISA-TALIS 的结果显示，从总体上看，投入教学与学习的时间越多，获得的学习成果就越多，这或许是关于有效学习的简单原理。有效学习离不开时间投入和汗水。可见的学习也提醒我们不应该对传统的教学和学习模式进行污名化，相反，基于记忆、背诵和练习的重复学习不仅有良好的效果，而且也是指向高阶能力的更深层学习的基础。但也有确凿的证据表明，这种重复学习会达到一种瓶颈状态，学习者需要在更有能力者的帮助下适时地转向高阶学习，认知激活、深度学习和元认知策略在这时候会更有效。学校教育最终指向的是高阶能力和自我导向的终身学习。如何选择合适的时机和教学策略促进这种转向，考验的是教师的教学机智和教育智慧。

（二）争议与局限性：圣杯只是一个传说吗？

"可见的学习"建立在过去几十年来关于成功学校学习条件的实证研究之上，向我们提供了一种宏观视角去观察学校教育。事实上，"可见的学习"的每一个因素背后可能都代表了一个无数教育研究者、教师和学生参与其中，并耕

---

[1] Hattie J, Zierer K . 10 mindframes for visible learning: Teaching for success [M]. New York: Routledge, 2017: 20–21.

耘数十载的研究主题或领域。然而，当我们努力想要看到整体图景的时候，就不得不放弃很多细节，换言之，它提供的是一种去情境化的宏大叙述；而当我们深究细节时，我们不得不发问，这些发生在不同时空、不同主题和不同学生群体身上，并且质量参差不齐的教育试验和研究之间存在可比性吗？对采用不同标准的初步研究进行综合，就好比是"一个苹果和一个橘子"，这是否会造成统计结果的偏差？哈蒂的观点是，苹果和橘子都是水果，如果我们能够接受我们研究的是水果，那么这个工具就是有效的。元分析就像是用不同的水果打一杯混合果汁，水果的类型、数量与质量都会影响最终果汁的味道。在某种意义上，这也显示了"可见的学习"的局限性，它可能只是对过去研究结果的反映，而非现实世界的映射。

相较之下，PISA-TALIS 研究是一个经过精心设计的大规模教育测试和调查，它对学业成就有明确的定义，并且有清晰的指标体系。但尽管如此，它仍然存在很多缺陷和局限性：（1）它是一个样本量有限、代表性不足的研究，其结论的可推广性有限；（2）它提供的是一种横截面的数据，不能反映影响的动态变化，因此只能解释相关关系，而不能推断因果性；（3）TALIS 的数据完全基于教师和学校领导者的自我报告，因此是完全主观的，这可能与现实存在差距；（4）数据是在学校层面建立联系的，即它反映的是学生与学校平均水平之间的关系，教师与学生之间没有直接联系。

可以看出，目前的统计工具和实证研究设计仍然无法完全对应现实的复杂性，影响因素与学业成就之间的因果机制并不明朗。无论是"可见的学习"，还是 PISA-TALIS，都只能提供一种粗略的、模糊的估计，都是对复杂现实的一种简化。但这不代表这种尝试是毫无意义的。正如波普尔的观点，我们总是在大胆的假设、推测和检验之中不断地追寻和迫近真理。"可见的学习"与 PISA-TALIS 向我们展示了一个很有希望和前景的方向和路标，以及一种基于证据去佐证或推导教育原则的可能性。

（三）结论：重新捍卫教师与教学

如今，技术的发展与知识传递形式的变化对传统的教学模式提出了巨大的挑战，然而这并不意味着教师职业的式微。在新时代，培养具有高阶思维能力与高阶情感能力的学生更需要优质的、有热忱的、高影响的教师，也更需要更具能动性与挑战性的教学方式。

　　"可见的学习"中"教师"领域的高效应量以及对教师影响力的不断强调传递了这样一个信息，即在教学过程中虽然应该尊重学生的主体地位，但是也需要意识到教师在教育中的主导作用。哈蒂用"认识你的影响力"来总结"可见的学习"最想传递的信息，而这关键就在于教师需要去确定学生真正在学习什么，并且据此重新调整自己的努力，以确保教师采取的行动可以对学生的学习和成就产生最大的影响。TALIS 的研究则给予我们另一个重要提示，即捍卫教师这个职业对教学带来的巨大成效。这意味着应该对教师的职业发展、入职培训等不断进行创新与研究；也告诉我们让每个教师能热爱自己的职业，并且从中收获价值感、获得感、支持感的重要性。在日益强调以学生为中心进行教学的今天，哈蒂与 TALIS 的研究重新捍卫了教师与教学的重要性。

目　录

第一章 "这取决于教师的教育专长。"——约翰·哈蒂对话克劳斯·齐雷尔

《可见的学习》一书综合了有史以来最大规模的实证教育研究的数据。它已被翻译成多种语言，无疑是教育科学领域中最具影响力的研究之一。经验表明，关于核心问题的访谈有助于阐明这项工作的核心观点。因此，我们以对话的方式开始这本书。

克劳斯 **30 年来，您一直在评估世界上最重要的关于学生学业成就的实证研究。在此基础上完成的著作使您如今成为具有国际影响力的学习研究者。是什么促使您投身于这项工作？**

约　翰　我攻读博士学位期间的研究领域是测量和统计，在《可见的学习》出版之前，我的职业生涯也是如此。作为测量人员，我们可以涉猎许多教育主题，但我的同事一直督促我聚焦于那些真正能影响学生学习和学业成就的事情。自我开始在大学工作以来，同事们给了我很多关于这种关键学习应该是什么样的意见。一些人推荐计算机和教育游戏，一些人专注于改进课程，还有些人强调教师和学生之间的沟通交流。每个人都用已有的研究（尤其是他们自己的研究）来证明他们的方法是最好的。这让我产生了怀疑。我对这些研究进行了更细致的分析和比较。

克劳斯 **您想知道：什么有效？**

约　翰　不，我问的是：什么最有效？几乎每一种教学方法都有积极的效果，也就是说，你可以找到证据证明这种方法可以提高成绩。学生们几乎总能在学校学到一些东西。我在演讲时有时会开玩笑地说，教师要想提高学生的学习水平，唯一需要的就是心跳——只要活着就行。但是我想知道怎样做才能确保学生取得最大的学习进步。这必须成为任何

学校改革的准绳。

克劳斯 随着 2008 年《可见的学习》的出版，您和您的团队已经建立了一个优质教学的最有效因素的排行榜。您对这个排行榜的基本想法是什么？

约　翰 是的，这是一个关于学生学业成就的影响因素的排行榜。它的目的是要让人们关注到我的核心信息：最重要的事情发生在教室里，教师和学生在那里相遇。此外，学校的基础条件——学校的结构或对它们的投资——只有很小的影响力。不幸的是，它在教育议题的这类讨论中往往占很大比重。

克劳斯 这确实有道理。尽管如此，您在 2017 年对数据库的最新修订中还是避免了排行榜。为什么？

约　翰 太多人开始说他们在关注或落实那些影响力排名在前的因素，而停止关注或落实那些影响力排名在后的因素——事情果真这么简单就好了。我创建这个列表是为了比较多种影响因素的平均效应，以此作为故事的起点。没有一种影响因素是独立的，它们之间存在高度的重叠，我花了 15—20 年的时间来构思这种重叠背后的"可见的学习"的故事。更重要的信息是，导致影响因素高于平均效应或者低于平均效应的根本原因是什么——这是"可见的学习"的更深层的信息，这些信息才是重要的。这个排行榜引起了人们的兴趣，但现在是时候把更多的注意力放在故事上了。

克劳斯 除了将数据库扩展到 1400 多项元分析——您现在从中提取了 250 多个因素并将它们划分到九个领域中，最重要的变化还有什么？

约　翰 1989 年，我发表了我的第一篇关于教学干预效果的文章。2008 年，当《可见的学习》出版时，有 800 项元分析和 138 个因素。今天，我——而且只有我在做编码——汇总了超过 1400 项元分析，得出了 250 多个因素。当然，随着更多研究被纳入，效应量也发生了一些变化，但大多数效应量在新研究加入后依旧保持了合理的稳定性。然而，核心信息与背后的故事仍然是一样的：这取决于教师的教育专长。教师走进教室，并说"我今天的工作是评估自己对学生的影响"——这是一个有力的起点，能给学生带来最大的好处。

克劳斯 "可见的学习"接下来会有什么变化呢？

约　翰　我将继续寻找新的元分析，完善和改进基本信息，我现在与许多同事合作，在全世界许多学校实施和评估这些信息。这种影响在学校中的证据是令人兴奋的。我也正致力于在政策、父母和媒体领域产生一些影响，以强调对教育者的教育专长的重点关注。

克劳斯 您这种基于证据的方法的最大弱点是不是它总是在回顾过去？

约　翰　是的，它建立在过去的证据之上，但当你驾驶汽车向前行驶时，如果你不看一下后视镜检查一切是否正常，那么就很危险。也许最好的例子是班级规模研究。缩小班级规模对成绩的影响是积极的，但这种影响很小。正确的问题是：为什么它的影响这么小，而所有学者都声称影响应该很大？其影响很小的一个主要原因是，当我们缩小班级规模时，教师还是继续以与大班相同的方式进行教学，因此产生的差别很小。注意这句话用的是过去时。因此，回顾过去可以帮助我们理解为什么有些因素的效应量很小，以及当我们希望在未来花费数百万资金来缩小班级规模时，为我们指明调整方向——改变教学方式。我们现在从研究的后视镜中得知，如果我们要投资缩小班级规模，我们应该如何做：改变教学的性质，以充分利用学生数量减少的条件。

克劳斯 您提到这个因素，这很好：它是并且仍然是讨论中的一个痛点。

约　翰　是的，一些批评者声称，如果我不理解缩小班级规模的重要性，那么我显然没有上过课；还有其他人身攻击。有些人声称，那些排行榜前列的影响因素更有可能在小班中实现——在小班中，你可以给予更多的反馈，更能关注到每个学生，等等。那么，为什么情况不是这样的呢？因为教师们仍然继续使用"讲述和练习"的模式，这种模式在25名以上学生的班级中相当有效，但当班上的学生人数较少时，他们仍然使用这种模式。事实上，在小班中他们讲得更多，当这种"讲述和练习"模式被用于小班时，学生的小组合作更少，得到的反馈也更少。

克劳斯　但是这减轻了教师的压力。

约　翰　这里也有一些相反的研究发现。当然，有些研究表明小班授课减轻了教师的压力。但这些研究表明的是，那些在 30 名学生的班级中感到授课压力的教师，往往在小班中也有压力。最近的一项国际学生评估项目（Program for International Student Assessment, PISA）研究表明，班级规模对教师的压力水平没有影响。

克劳斯　如果您把学生的学习进步归因于教师，难道不是在加重他们的负担吗？

约　翰　学习总是涉及至少两个方面：教师和学生，两者都有自己的动机、才能和背景。当然，教师对学生的基本智力影响很小，但他们可以对学生的学习成长和学业成就产生实质性的影响。教师可以让学习发生，我们需要庆祝许多教师在让学生去学习方面取得的惊人成功。不，我不归因于教师，我尊敬他们对学生学习进展产生的影响。

克劳斯　因此，您在许多学校看到了成功的教学和学习。

约　翰　确实是这样！让我坚持下去的是，我在行动中看到了许多取得极大成功的教育者。我的观点是，我们有卓越的基础，卓越就在我们身边，我们要做的就是扩大这种成功。有一大批优秀的教师，他们感到自己要对学生怀有责任心，不断质疑和改进自己的教学，并询问自己对学生学习的影响。有趣的是，与那些在同一所学校走廊上、对学生影响较小的其他教师相比，他们往往处于同样的条件下，有着同样的困难学生、同样的班级规模、同样的课程和评估要求。

克劳斯　一些教师有太多抱怨吗？

约　翰　太多的教师仍然认为，如果他们有更多的时间、更大的空间、更少的学生、更好的资源，他们就会取得更大的成就。我并不是说这些结构性问题是完全没有意义的。但是，大多数学生需要的往往不是更多的东西，而是不同的东西：如果我的教学不能对学生产生影响，我必须改变我的教学。道理就是如此简单。

克劳斯　所以怎样算是一名好教师？

约　翰　一名好的教师有着很高的期望，会在课堂上创造一种欢迎错误的氛围，不断反思自己的行为和影响，不断评估自己的教学，并与其他教师合作以理解他们所说的影响是什么，并评估这种影响。好的教师对所有学生的学习都会产生影响。

克劳斯　您还将好的教师描述为课堂的激活者，并将其与"身边的向导"或学习的促进者进行比较。

约　翰　对。作为促进者，教师在学生建构知识时与他们并肩坐在一起，学生就会自然而然地获得成长——这是一个不错的想法。但是，不幸的是，几乎没有证据表明这种教学方式是最有效的。对于大多数学生来说，这种方法是非常低效的。我并不反对发现式学习，但通常最成功的方法是有意设计课堂，帮助学生发现、建构概念和概念之间的联系。

克劳斯　促进者也能做到这一点。

约　翰　但态度和做法有所差异。教师必须认识到，他或她的任务是改变学生，一次又一次地挑战他们，并将他们推向他们的极限。这种"改变"是通过活动的性质和教师的课堂规划来实现的。大多数学生，以及成年人都为自己设定了相当低的目标。例如，如果他们在上一阶段的成绩是 3 分，那么下一次他们可能会把目标再一次设定为 3 分，或者最多是 3+ 分。教师的任务是提高这些期望，帮助学生看到独自可能看不到的成功。

克劳斯　他们是为了避免失望。

约　翰　也许，但教师必须打破这种态度，即他们的工作是一直创造成功和保持正确。因为那些认为自己平庸的人，极有可能一直平庸下去。高自我效能感是一个重要的成功因素；我们的作用是创造信心，让学生相信具有挑战性的目标是可以达到的。如果我们回想自己在学生时代遇到过的好老师，我们就会发现他们很可能是那些信任我们的老师，那些在我们身上看到的东西比我们自己看到的更多的老师，而且他们是在一个公平、信任的环境中做到这一点的，他们给予我们很多反馈、支持和鼓励。他们创造的条件有点像我们玩《愤怒的小鸟》。

克劳斯　您是说那个鸟儿砸碎墙壁和房子的电脑游戏吗？

约　翰　对。像大多数电脑游戏一样，其程序总是清楚地知道你目前的技能水平，并（根据你上次玩所体现出的水平）相应地把下一个关卡的难度设得高一点。这个目标不能让你感到无聊，也不能对你来说太难，而且必须有趣、不枯燥，这样你就会一再尝试，以达到下一个水平。这正是教师在设定目标时要做的事情，即设定适当的挑战性目标，提供许多有趣的学习机会以让学生达到这个目标。而当你达到下一个水平时，学习挑战就会提升，如此循环往复。因此，我们中的许多人投入这些游戏，持续学习和玩耍。当我们到达下一个水平时，我们不会停止，我们想继续玩和学习，并超过我们先前的技能水平。因此，教师的态度在学生的学习成功中起着决定性作用。作为一名教师，我的任务是在教育过程中尽我所能地支持每一名学生，让他们一次又一次地尝试，即使任务会变得困难，即使他们有可能遭遇失败，甚至在某些情况下有很大概率遭遇失败。

克劳斯　所以您最喜欢的话题是反馈吗？

约　翰　反馈是促进学习成功的最有效工具之一。同时，教师经常提供很多反馈，但提供能被学生接受并对其产生影响的反馈似乎非常困难。许多教师把反馈与分数混为一谈，或者把反馈与表扬混为一谈，而表扬本身并不是好的反馈。好的反馈告诉学生，他们哪里走对了、哪里走错了，以及如何设定和实现更高要求的目标。教师可以通过与学生交谈、交换书面评论、寻求对话来提供这种反馈。但关键的是学生从这些反馈中理解了什么，以及他们是否能够利用这些反馈来逐步实现任务或课程的目标。教师必须创造一种氛围，让学生敢于犯错。错误使学习变得可见，反馈在错误中茁壮成长，它们是教师改进教学的本质。

克劳斯　以怎样的方式？

约　翰　教师需要关于课堂影响力的反馈。教师必须始终知道学生所处的阶段，他们已经理解了什么，他们目前正在犯什么错误。只有这样，教师才能不断地反思，并调整教学。这就是我说"可见的教学"时想要表达的意思。一名好的教师必须通过学生的眼睛来看自己的教学，使学习变得可见，从而不断地评估，以提高对学生的影响。

克劳斯 您说教师经常不知道学生怎么理解他们的课？

约　翰 我们从许多研究中了解到这一点。一堂课上发生的事情中有一半以上是教师没有看到或听到的。这就是为什么他们总是要创造机会来了解他们的课堂是否真的产生效果，例如，通过小测试，或让学生互相讨论解决方案，或考查学生在一段时间内的学习进步。教师需要听到学生的想法。

克劳斯 其他教师在这其中扮演了什么角色？

约　翰 非常重要的角色。教师需要他人的帮助。许多教师对自主权有错误的理解，这导致他们既不与同事们合作，也不相互评价对方的课堂。通常情况下，他们甚至不与他人谈论影响的概念。研究人员观察了教师在休息时的谈话内容，他们经常谈论学生，谈论考试、家长、课程、学校管理和其他事情，如足球。他们几乎不谈论自己在课堂上的教学，更不用说自己的影响了。

克劳斯 刚才提到数据库扩展到 1400 多项元分析，"可见的学习"也增加了一个新的因素"教师集体效能感"，强调了同事的重要性。这是怎么回事？

约　翰 是的，这是最重要的影响因素之一——教师们通力合作，提供其影响力的证据。也就是共同合作以调整"进步"的意义、"影响"的意义，用学生在一段时间里取得成绩的例子来判断"进步"是否足够，以及互相帮助对方看到自己对学生的影响。这需要卓越的领导力为这一切的发生创造一个安全和可信任的环境。

克劳斯 难道教师在培训中不需要学习自我观察吗？

约　翰 教师培训对教师的影响非常小。这并不意味着我们需要取消培训课程，而是意味着我们必须大幅改善这些课程。有一些优秀的教师教育机构，但它们的数量并不多。同时，年轻教师非常渴望学习，他们想做得更好。我认为，这一职业化阶段被完全低估了，因为这正是决定一名教师未来 30 年教学路线的阶段。

克劳斯 任何人都能成为教师吗？

约　翰 我不相信"人生而为师"的说法。教师职业是一个需要学习的职业。最重要的条件是具备这样一种态度，即承认自己的教学必须建立在高期望的基础上，能够质疑自己，（与他人一起）从我们自己的影响中学习，并勇于改变和改进。

克劳斯 如果您是一个国家的教育部部长，您的第一个官方行动是什么？

约　翰 我不会开始任何重大的结构性改革，而是尝试从我们知道的关于尊重和发展教育者的教育专长的事情出发采取措施。我想以可靠的方式确定哪些学校对学生的学习生活产生了巨大影响，与它们结成联盟，然后扩大这种成功。我的方法是在许多地方建立成功教师和学校管理的联盟。这很难，但很有效。

第二章　导言

近年来，《可见的学习》对教育的影响似乎超过了其他许多著作——仅在谷歌学术中就被引用超过 1 万次。然而它的影响不仅是在教育领域，而且远远超越了专业界限，并反映在媒体的广泛讨论之中。

当《可见的学习》于 2008 年出版时，《泰晤士报教育副刊》（*The Times Educational Supplement*）做了以"研究揭示了教学的圣杯"[①]（尽管巨蟒剧团都没有寻找到圣杯[②]）为题的报道。《可见的学习》的德语译本（*Lernen sichtbar machen*）于 2013 年出版时，德国《亮点》（*Stern*）杂志称约翰·哈蒂是"学习领域的哈利·波特"。这种反响一直持续到今天。

但事实上，《可见的学习》并不容易阅读。它是大量实证研究结果的集合，高度浓缩，到处都是科学术语，没有扎实的研究基础的人很难理解它。对《可见的学习》的很多断章取义的摘录和错误的解读就证明了这一点，我们会把这些信息称为"哈蒂快餐"。举个例子，在德语译本出版后不久，德国联邦议院的一名议员登上了新闻头条。在阅读了《可见的学习》之后，他要求缩短德国的暑假，因为这不利于学习上的成功。的确，《可见的学习》发现，暑假的影响是略微消极的（$d = -0.02$）。然而书中并没有提出要缩短暑假的时间，缩短暑假的时间是错误的，因为它忽略了一些重要事实。首先，它没有考虑到"暑假"这个因素是基于美国的元分析数据。在个别州，最开始设立的暑假与农忙时节相一致，而农忙时节最长可达 3 个月。因此，将这些结果迁移到暑假短得多的国家（德国通常是 6 周左右）是没有意义的。其次，这个要求忽略了这样一个事实，即暑假还有其他目的，也就是和父母、兄弟姐妹、邻里还有朋友共度时光，

[①]　圣杯（Holy Grail）起源于不列颠岛凯尔特人的古老民间传说。在中世纪基督教传入不列颠岛以后，圣杯被逐渐赋予了基督教意义，被认为是基督教的圣物。后来圣杯遗失，寻找圣杯也成为追寻真理或一直有效且精准的知识的象征。

[②]　巨蟒剧团（Monty Python），亦称"蒙提·派森"，是英国六七十年代流行的一个超现实幽默表演团体，他们拍摄的喜剧电影《巨蟒与圣杯》于 1975 年上映，在欧美地区大获成功，同时因开创了无厘头的电影风格而留名影史。该片取材于中世纪英格兰亚瑟王的传说，讲述了亚瑟王和骑士们遵照上帝的旨意寻找圣杯的传说故事。影片以一种无厘头的形式结尾，警察和城管阻止了电影的拍摄，亚瑟王和骑士们最终也没有找到"圣杯"。

以及有时间去阅读、休息和旅行。当然也没有人会仅仅因为学生度过周末后可能会忘记事情，就考虑在周日上学这个点子。结果表明，学生很可能会参加课业以外的活动，因此无论是增加假期时间还是减少假期时间的建议都具有误导性，其效应量基本接近于 0。

断章取义的危险是一个影响深远的问题。它不仅会导致个体因素被错误地解读，还会导致《可见的学习》的核心信息被忽视。关于这些核心信息，《可见的学习》这一标题说明了一切。最关键的要素是：让学习变得尽可能可见。缺乏这种学习的可见性，普遍意义上的教育和特定的教学会更加困难。因为缺乏理解就不可能有真正的学习；为了理解，学习和教学的目的和动机必须对所有人透明与可见。这同样适用于教师：要想成功，他们必须从学生开始。

有些人评论道，"我们如何学习"是不可见的，然而事实往往不是这样。重点是，优秀的教师会通过多种方法了解学生的思维方式、信息加工、理解能力、犯错情况以及拥有的迷思概念，从而使学生的思维活跃起来。他们通过聆听、观察和分析学生如何进步和学生创造的人工制品来做到这一点。

这是这本书的出发点，它追求的是以下的目标。首先，提供一份简单易懂的"可见的学习"导言。其次，不是讨论单一的因素，而是关注核心信息，并推断它们对日常教学工作的实践意义。再次，本书打算尽可能多地从非英语地区的视角来巩固"可见的学习"的数据。最后，本书希望把"可见的学习"置于一个更大的情境中。因为尽管它是教育实证研究的一个里程碑，但它并不是包罗万象的，必须辅以进一步的研究。

在此背景下，本书的结构如下：

1. "可见的学习"的故事：透视"可见的学习"

2. 什么是不可逃避的：学生和他们的家庭背景

3. 什么仅凭自身收效甚微：结构、框架条件与课程项目

4. 学习在哪里变得可见：教与学的过程

5. 什么真正重要：教师和他们的热忱

6. 标志在哪里：一个总结

7. 遗漏了什么：展望

8. 从何开始：实践的理念

为了使这本书尽可能地便于读者阅读，我们采用了以下"教学方法"。

每一章都以一个反思性任务开始，目的是激活已有知识和先前经验；然后再列出目标和关于章节内容的概述——为了更加清晰，这是必不可少的；每一章的结尾会有一个总结来再述最重要的定义、核心信息和行动建议，这为巩固新知识提供了练习的机会。最后一点，为了在理论和实践之间建立艰难但是必要的联系，我们会尽可能地运用案例。基于"可见的学习"所暗含的见解，这种"教学方法"的所有方面都已经被证明对阅读和学习过程有效。

最后，我们要表达我们的谢意。每一本书的出版过程都是一段旅程，到达终点并不重要，真正值得的是旅途本身。

约翰·哈蒂：我要特别感谢我的朋友和同事克劳斯·齐雷尔。在过去的十年里，我们建立了友谊，互相批评。我还要感谢我的家人，珍妮特、乔尔、凯特、凯尔、杰斯、基兰、阿莱莎、埃德娜、帕特森，还有我的孙女艾玛、黛安尔和艾拉。感谢很多人如此努力、优秀，教会我如何把想法落实到课堂、学校和系统中；感谢所有的教师们，正如书中所陈述的那样，他们努力学习、实施这些想法，并且一直坚持"可见的学习"基本理念的价值。正是你们的卓越让我对我们所从事的事业充满了热情。

克劳斯·齐雷尔：经过对"可见的学习"十几年来的深入研究，我渐渐喜欢上了它。在我所有的教学领域，我的思想和行动都发生了变化。能和约翰·哈蒂合著我们的第二本书，对我来说既是一个巨大的挑战，又是一种乐趣。因此，我想借此机会向他表示特别的感谢，我希望我们今后还能有一或两个合作项目。没有与他人的交流，就不会有一本书的诞生。在此背景之下，我想提一下近年来陪伴我工作的所有同事，最重要的是参与"学校生活"（Schulen zum Leben）"伸出你的手"（Streck deine Hand aus）和"学习的证据"（ProfiLe）项目的所有教师。没有这些批判的建设性交流，这本书里的许多想法就不会像现在这样清晰。最后，我要衷心感谢我的家人，维多利亚、撒迦利亚、奎林和玛丽亚。他们总是告诉我，我的工作有什么样的益处，什么时候又应该把它放在一边。

约翰·哈蒂与克劳斯·齐雷尔

墨尔本与马克尔科芬

2018 年 9 月

第三章 "可见的学习"的故事：透视"可见的学习"

反思性任务

反思你对《可见的学习》的已有了解：你对这本书的印象如何？是新瓶装旧酒吗？你认为它是一种对现有理论的丰富吗？你对它完全陌生吗？它让你愤怒吗？

目标与内容

这一章介绍《可见的学习》这本书的主要特点和它的十年历史。首先是对方法论的探讨，其次是对这本书体系的解释，最后是推断出一些初步的见解。当你读完本章时，你应该能够回答以下问题：

- 《可见的学习》的研究过程是怎样的？
- 什么是元分析？
- 什么是效应量？
- 数据库有多大规模？
- "可见的学习"的结构是怎样的？
- 在解读因素时，什么是最重要的？

尽管元分析是医学领域中众所周知且常用的工具，但它在教育科学领域中的应用却并不常见——即使它是由一名教育家发明的！它是一种量化实证研究方法，就像观察、调查、测试等一样。与大多数研究方法不同，元分析不提供任何新数据，而是使用已有数据。也就是说，有三个层级：已有数据（初级研究），已有数据的重新分析（二级研究），以及许多已有数据的综合（元分析）。因此，元分析主要适用于那些问题已经被深入研究且已有一些量化实证结果的情况。很多时候，这些量化实证结果不一定是彼此一致的，所以问题就出现了：这么多初级研究中的哪一个是正确的？这就是元分析的出发点：它的目标是将这些大量的初级量化实证研究转化出一个结果。但同样重要的是，理解会调节或影响这个整体的"一个结果"的因素。换句话说，它是要从大量初级研究中提炼出一般信息。

元分析的定义

元分析是对特定问题的已有初级研究的综合，以及对这些研究的结果之间的差异的澄清。

鉴于所有科学领域中知识的扩张，元分析在未来可能会越来越重要。以教育科学领域为例，近年来发表的论文和授予的博士学位的数量正在稳步增加，因此关于教育和教学的知识并不匮乏。缺少的是对初级研究结果的概述和系统化。这也正是元分析得以发展的原因。

元分析在教育科学中有着悠久的传统，当2008年《可见的学习》出版时，哈蒂已经在这项工作中投入了15年时间，其间收集、审阅与评估了800项多元分析。这些元分析本身囊括了5万多项初级研究，估计有2亿学生参与其中。在当时，（有些人已经声称）《可见的学习》包含有史以来最大的实证教育研究数据库。从那时起，几年时间过去了，对这项工作的拓展，尤其是对数据库的更新，仍在不断地进行。2013年《可见的学习（教师版）》出版时，已经有900多项元分析，2017年，最新的更新发布在了"可见的学习+"网站上，基于1400多项元分析，综合了超过8万项初级研究和约3亿学生的表现成果（见表3.1）。

表3.1 "可见的学习"数据库统计情况

项目	《可见的学习》（2008）	《可见的学习（教师版）》（2013）	"可见的学习+"（2017）
元分析数	816	931	1412
研究数	52649	60167	82955
学生数	约2亿	约2.4亿	约3亿

为了将《可见的学习》所包含的洞见放置在适当的背景下，指出元分析的优点和缺点是十分必要的。表3.2总结了一些最重要的方面。

对此，我们应该记住每种研究方法都有优点和缺点，且必须基于我们声明的目标去判断它的优劣。上文提到的元分析的利弊也应该考虑到这一点。

为了回答能从大量初级研究中收集到哪些一般信息这个问题，元分析必须使初级研究具有可比性。为了做到这一点，它采用了效应量这一统计量——通常用 d 表示。

表3.2 元分析的优、缺点

优点	缺点
对一些初级研究的总结	初级研究在样本和研究设计方面的质量标准的不同所带来的问题
增加信度（效度）	已发表与未发表的研究成果的差异问题（灰色文献问题）
澄清结果之间的差异（方差）	理论或文化差异所导致的研究结果可比性问题

例如，元分析可以考查班级规模对学生数学成绩的影响。为此，实验组的班级规模缩小（例如，班级人数为15人），而匹配的对照组的班级规模保持不变（例如，班级人数为30人）。然后比较对这两个班级学生所产生的效果。或者我们可以把一个30人的班级分成两个15人的班级，这样就可以计算出学生的数学技能在缩小班级规模四个星期之前和之后的测试（前测和后测）中的差异。假设规模较小的组别的前测平均分为60分，后测平均分为65分。现在我们将这些数值与对照组的相应数值进行比较，对照组的前测平均分也为60分，后测平均分为62。由于实验组取得的进步要高于对照组，所以这表明缩小班级规模与学生的数学成绩提升之间存在着联系。

效应量的定义

效应量是用来表示两组之间，或前测和后测的组别平均值之间效应大小的统计量。

然而，仅仅根据两组平均成绩的不同就得出干预更有效的结论还为时过早。影响这个平均成绩的因素有很多，例如，一些学生在考试当天心情不好。为了让这些差异与关于班级规模的其他研究或者其他效应量的研究中所得的差异进行比较，我们需要将这些差异标准化——通过将差值除以学生在这两个班级中的分散程度（称为合并标准差）。

在我们的例子中，实验组的标准差为 12 分，对照组的标准差为 14 分（见表 3.3）。

表 3.3 实验组和对照组的平均成绩对比

项目	实验组	对照组
前测	60 分	60 分
后测	65 分	62 分
成绩增量	5 分	2 分
标准差	12 分	14 分

有了这些数据和推理，我们现在可以计算效应量，这对"可见的学习"而言十分关键。我们注意到两组的前测分数是相同的，所以用后测的差异来衡量效应量。

效应量（d）=（实验组的成绩增量－对照组的成绩增量）/ 均值标准差

$$d =（5-2）/13 = 3/13 = 0.23$$

通过这种计算，我们可以看到，效应量可以是正值，也可以是负值。正值意味着被检验的因素有助于提高学生的成绩，负值则表示该因素会导致学生成绩下降。但是我们仍然需要问：0.23 到底意味着什么？

为了解决这个问题，"可见的学习"从分类开始，从 1400 多项元分析中总结出 250 多个影响因素（班级规模是其中之一）的所有效应量。图 3.1 形象地展示了结果。

从积极影响的方面去看这个结果，可以说在所有影响因素中，有 95% 都是积极的。因此，几乎发生在学校里的每一件事都能促进学生在学校中的"表现"。这似乎可以让教师们放心，虽然本不应该如此。（如果不考虑其他因素，这意味着每个人关于如何改善学校的想法都可以得到辩护，因为它们几乎都有效！）

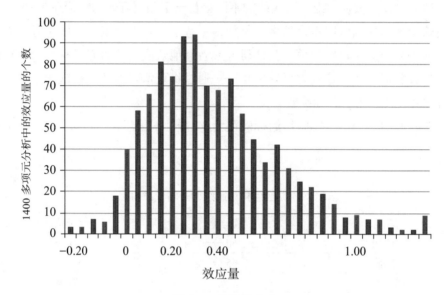

图 3.1　效应量分布

在这种背景下，我们反对这种认为任何积极影响因素都有价值的解读，并且提出以不同的方式设定关节点，即设在所有可能的影响因素的平均值上，也就是 0.40。为什么是 0.40？这个值代表了"可见的学习"所有测量到的效应量的平均值，高于这个平均值的因素，我们都称为"理想效应"（desired effects）。我们的主张很简单：比零强是微不足道的，只有高于平均值才有说服力。

另外的启示是，在这些研究中，大约有一半教师已经达到了这一要求。因此，我们不需要发现新的学习和教学方法。教育专长已经存在于我们的身边——可能在全世界的每所学校、每个地方、每个国家。重要的是让这种教育专长可见，把它作为讨论的机会，并且利用它来扩大那些已经做得很好的东西。

当我们考虑到人类仅依靠年龄的增长就可以取得学习进步时，我们就会支持从 0 到 0.40 的转变。即使我们从未上过学，仅仅是因为遇到了更多的困境、问题和人,我们也会变得更聪明。这些被称为"发展效应"(development effects),效应量在 0 到 0.20 之间。当我们观察与普通教师相关的影响因素时,其效应量在 0 到 0.40 之间,这就是为什么这些效应可能被视为正常的"上学效应"。任何高于 0.40 的效应被视为是理想的,但是我们依然得小心这些表述,因为有些效应量很小的因素有时会引发重大的问题,帮助我们理解为什么它们这么小以及如何改善(例如,问为什么班级规模的效应量很小);有时,巨大的效应可能只局限在非常狭窄的尺度上(例如,增加词汇量)。负值,看起来非常有问题,但很少出现,它可以被定义为"逆向效应"(inverse effects)。

图 3.2 所示的《可见的学习》的指示表说明了所讨论的内容。

我们来进一步阐释这个想法,在上面缩小班级规模这一假想的例子中,其效应量只能达到 0.23,是相对较小的,并且考虑到相关的成本,这种干预方案在实施之前必须仔细考虑。事实上,正如你从指示表中所看到的那样,在《可见的学习》中,通过 4 项元分析、113 个研究所计算出来的缩小班级规模的效应量为 0.14。这种效应量是如何得出的呢?

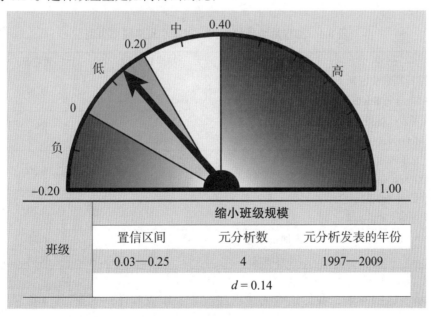

班级	缩小班级规模		
	置信区间	元分析数	元分析发表的年份
	0.03—0.25	4	1997—2009
	$d = 0.14$		

图 3.2 缩小班级规模

有几种方法可以合并几项元分析的效应量。在 2008 年的《可见的学习》中,我们选取了一个简单的平均值:对于每个因素,我们选取了所有元分析的平均值。一些研究人员批评了这样一个事实，即较小的元分析（包含少量初级研究数据的元分析）与较大的元分析（包含大量初级研究数据的元分析）被赋予了同样的权重。这无疑会扭曲整体效应（如果大型元分析得出的结果与较小的元分析显著不同时）。因此，他们提出，类似于初级研究本身，元分析也需要被加权。因此，元分析需要根据其所包含的单个研究的数量来进行加权。表 3.4 中以缩小班级规模为例展示了加权后结果的变化。

差异是显而易见的：如果仅根据元分析的平均值计算整体效应（使用公式 $\bar{d} = \frac{1}{N}\sum d_i$），得到的效应量是 0.21。如果将每项元分析包含的初级研究的数量考虑在内 [使用公式 $\bar{d} = \sum(N_i d_i)\sum N_i$]，得到的效应量为 0.14 [因为格拉斯和史密斯（Glass & Smith，1978）的元分析中包括了 77 个初级研究，是大型元分析，其所占权重更高，因此，加权后效应量比样本的平均值更低]。从统计学上讲，这种加权方式更加精确，这也是为什么本书接受了关于这点的批判，并且将其视为对"可见的学习"的进一步发展。

表3.4　加权后结果的变化：以缩小班级规模为例

元分析	发表年份	初级研究数	效应量
格拉斯和史密斯 （Glass & Smith）	1978	77	0.09
麦吉弗林等人 （McGiverin et al.）	1989	10	0.34
戈尔茨坦等人 （Goldstein et al.）	2002	9	0.20
申和郑 （Shin & Chung）	2009	17	0.20
未加权综合			**0.21**
加权综合			**0.14**

基于这些考虑，我们迄今为止已经收集、审查和评估了超过 1400 项元分析。在这种背景下 (也与传统的元分析相反)，这个过程被称为"元分析的综合"。在这种合并效应量的帮助下，255 个因素得以确定，并被归类到九大领域。相比之下，2008 年的书中仅约有 800 项元分析、138 个因素，2013 年的书中也只有超过 900 项元分析、150 个因素。

这九大领域为：

1. 关于学生的 38 个因素

2. 关于家庭的 17 个因素

3. 关于学校的 25 个因素

4. 关于班级的 24 个因素

5. 关于课程的 30 个因素

6. 关于教师的 16 个因素

7. 教学：关于教学策略的 20 个因素

8. 教学：关于实施方式的 53 个因素

9. 教学：关于学习策略的 32 个因素

这种细分使系统地观察学习结果成为可能。它也与"教学三角"相一致，"教学三角"通常被用来说明教育和教养的复杂性。

基于教与学的行为体——教师、学生与课程——三种对话的结构便可区分开来。

第一种是教师和学生间的对话，也就是讨论"实施方式"的地方。第二种是学生和学习材料（课程）之间的对话，此处涉及"学习策略"的问题。第三种是教师与学科内容（课程）之间的对话，主要涉及"教学策略"。在这里应该特别强调的是，教学总是嵌入在一定的结构中。因此，在教学过程中发生的许多其他方面也会对它产生影响，包括学校的外部条件和内部条件——分为"学校"和"班级"两大类。最后，还应该提到家庭和社会影响（即"家庭"）。图 3.3 以一种常见的方式总结了上述内容。

当你在查看这些领域的数据库并进行比较时，

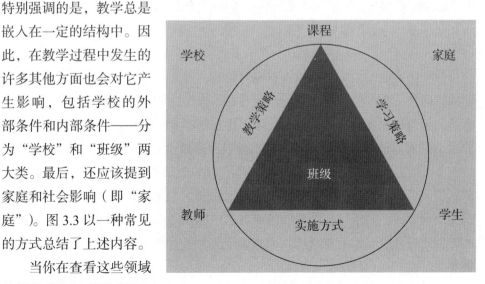

图 3.3　教学三角

"可见的学习"已经提供了一个重要的结论（见表3.5）。

有一些领域已经得到了充分的研究，比如"教学"，还有一些领域未得到很好的研究，比如"教师"。这就体现了元分析的优点之一：元分析可以将得到充分研究的领域和一项研究中的盲点可视化。

表3.5 九大领域数据库对比

领域	元分析数	发表年份	研究数	因素数	领域标准差	领域（加权）效应量
学生	187	1975—2016	13358	38	0.15	0.25
家庭	67	1982—2016	3470	17	0.09	0.11
学校	114	1980—2017	5672	25	0.10	0.29
班级	93	1980—2017	3536	24	0.16	0.28
课程	250	1978—2017	11651	30	0.20	0.46
教师	62	1978—2017	3406	16	0.09	0.52
教学策略	147	1976—2016	7766	20	0.19	0.55
实施方式	337	1977—2017	26192	53	0.13	0.38
学习策略	155	1976—2016	7944	32	0.19	0.55
总	1412	1975—2017	82995	255	0.14	0.38

在导言中，我们提到在公共话语中有很多对"可见的学习"的片面解读。为了避免断章取义，在对因素和效应量进行解释时，应该遵循以下步骤：

第一步：检查因素的各项指标。在2008年的《可见的学习》中，除了指示表之外，还引用了一些其他的统计值：标准误（不要与标准差混淆）、排名、元分析数、研究数、效应量数以及研究对象数。并非所有这些对解释结果都是必要的。但是，至少应该考虑元分析的数量，因为这可以提供关于某个因素的研究达到了何种深度和广度的信息。为了检查一些元分析的发表年份和各自的效应量，从而对该因素的适用范围提出质疑，通常也有必要查看《可见的学习》的参考文献。例如，如果按此步骤去分析"随班就读/全纳"因素，那么你会注意到使用了在1980—2016年发表的8项元分析，但是这些研究只简单关注到某些类型的障碍。鉴于这些结果和当前对这一领域的众多研究和探讨，对效应量0.36的解释几乎是没有意义的，因为如今的全纳教育与早期相比已经有了巨大的发展。

第二步：检查因素效应量的置信区间。除了元分析的数量和发表的时间跨度以外，《可见的学习》还给出了这些因素的不同效应量的置信区间。为什么这么做呢？置信区间可以让我们看到这些元分析结果在多大程度上是同质的，以及产生的效应量有多精确。标准误被用于计算置信区间。例如，有些因素的标准误较小，如"合作学习"（0.04）；有些因素的标准误较大，如"样例"（0.16）。一般来说，这个标准误需要乘以 1.96，然后再与算出来的效应量进行加或减。效应量有 95% 的可能性处于置信区间的上下限之间。对于这个因素的解释，适用于以下的情况：置信区间越大，就越需要更进一步的分析。所有因素的平均置信区间为 ±0.14（由于平均标准误为 0.07），被作为标准。出于上述原因，本书给出了元分析数、元分析的发表年份和 95% 的置信区间，以及因素的描述和效应量。

第三步：检查对因素的效应量与跨因素的效应量解释。一旦完成了第一步和第二步，你就可以形成一个有意义的解释。我们特别推荐《可见的学习》《可见的学习（教师版）》《可见的学习：十个心智框架》以及"可见的学习 +"网页下的评论，因为它们提供了对元分析结果的不同且详细的阐释。

在接下来的章节中，我们将考察每个领域，以便过滤出其所包含的核心信息。我们将选取一些样本因素，按照上述三步进行讨论。

第一个领域是"学生"和"家庭"，因为它们构成了每一堂课的基础。鉴于此，想要抱怨甚至是排除这一领域是没有道理的。教师专业化的标志是尽可能地了解这些领域。

总　　结

《可见的学习》的研究过程是怎样的？

《可见的学习》是元分析的综合，它综合了众多初级研究的结果。

什么是元分析？

元分析是对特定问题的已有初级研究的综合，以及对那些可能影响总体研究结果的调节因素的澄清。

什么是效应量？

效应量是表示一个因素的影响程度的一种统计量。

数据库有多大规模？

数据库包括 1400 多项元分析，而这些元分析本身是从大约 8 万项初级研究得出的，涉及约 3 亿名学生。因此，《可见的学习》代表了大量实证教育和培训项目的成果。

"可见的学习"的结构是怎样的？

"可见的学习"划分了九个领域：学生、家庭、学校、班级、课程、教师、教学策略、实施方式和学习策略。255 个因素被分配到这些领域中，它们对学校中的学习成功的影响也被描述。

在解读因素时，什么是最重要的？

我们推荐运用三步法，包括考虑因素名称、数据审查和效应量解释。这一过程旨在帮助避免断章取义和不成熟的解读。

参考文献

Glass, G. V., & Smith, M. L. (1978). Meta-analysis of research on the relationship of class-size and achievement. San Francisco: Far West Laboratory for Educational Research and Development.

McGiverin, J., Gilman, D., & Tillitski, C. (1989). A meta-analysis of the relation between class size and achievement. *The Elementary School Journal, 90*(1), 47–56.

Goldstein, H., Yang, M., Omar, R., Turner, R., & Thompson, S. (2002). Meta-analysis using multilevel models with an application to the study of class size effects. *Journal of the Royal Statistical Society Series C: Applied Statistics*, 49(3), 399–412.

Shin, I.-S., & Chung, J. Y. (2009). Class size and student achievement in the United States: A meta-analysis. *KEDI Journal of Educational Policy*, 6(2), 3–19.

第四章　什么是不可逃避的：学生和他们的家庭背景

反思性任务

想想你多大程度上认为遗传倾向、家庭和朋友的影响很重要：女孩或男孩会受到优先对待或歧视吗？性别对学业成就是否有影响？父母对学生的学业成就有什么影响？父母对孩子的价值观、态度和观点有什么影响？你认为父母的经济保障和薪水对孩子的学业成就有多重要？

目标与内容

在本章中，我们将更仔细地考察"学生"和"家庭"这两个领域。我们将介绍一些因素来解密这些领域的核心信息。当你读完本章时，你应该能够回答以下问题：

- 在"学生"和"家庭"领域中，什么是重要的？
- 认知水平取向（皮亚杰项目）对学生的学业成就有什么影响？
- 自评成绩对学生的学业成就有什么影响？
- 自我概念对学生的学业成就有什么影响？
- 性别对学生的学业成就有什么影响？
- 父母的社会经济地位对学生的学业成就有什么影响？
- （其他）家庭结构对学生的学业成就有什么影响？
- 看电视对学生的学业成就有什么影响？
- 关于个人和家庭环境，我们可以从中推断出什么核心信息？

当我们去看学生自身对他们的成就产生什么影响时，我们考察了《可见的学习》中讨论的两个领域：首先是"学生"领域，其中包括"皮亚杰项目""自评成绩""自我概念""性别"等因素；其次是"家庭"领域，包括"看电视""社会经济地位"等因素。

本章将同时讨论这两个领域，因为这两个领域都指向相同的核心信息："学生"和"家庭"两个领域都有能对学生的学业成就产生巨大影响的因素。这其中有许多因素是教师无法（直接）干预的。结论很清晰：教师在教育过程中很重要，但他们不对所有事情负责，也无法对所有事情负责。然而，通过合作的方式，就算在这些领域也能做很多事情。

让我们先来讨论"学生"领域。

"学生"领域的定义

"学生"领域包括所有与学生的身体、心理和精神条件有关的因素。

请根据表 4.1 所示的因素思考：根据我的经验，这些因素的效果如何？

有三个因素对教学特别重要（见图 4.1、图 4.2、图 4.3）。

表 4.1 "学生"领域中的部分因素

因素	负 $d < 0$	低 $0 < d < 0.20$	中 $0.20 < d < 0.40$	高 $d > 0.40$
注意力缺陷多动障碍				
对内容领域的态度				
专心／毅力／参与度				
性别				
个性				
皮亚杰项目				
先前成就				
减少焦虑				
自我概念				
自评成绩				

皮亚杰项目

如图 4.1 所示，皮亚杰项目在"可见的学习"中拥有第四高的效应量：1.28。它基于皮亚杰的认知发展阶段理论。在该理论模型中，皮亚杰认为儿童的发展遵循类似于新手、学者、专家的典型阶段。这一模型得到了国际上的认可。它也被应用于道德、社会和宗教的发展。值得质疑的一点是元分析的数量：它仅是 1981 年在美国的一次会议上公布的单份元分析。因此，我们需要谨慎解读。但随后的新研究探讨了人脑在 0 到 20 岁之间是如何发育和变化的，并得到了非常相似的结论，支持了皮亚杰几十年前的发现（Bolton & Hattie，2018）。其核心信息是，儿童在如何思考上会经历不同的阶段——也许不像皮亚杰所说的那样有序和有阶梯性。在感知运动阶段，儿童通过他们的动作、感官和操作了解他们的世界，他们开始将人与周围的物体分开，开始意识到物体在人看不到时仍然存在，并开始理解他们的行为会导致自己周围的世界发生一些事情。然后，当他们学会使用文字和图片来表示物体时，他们就进入了前运算阶段，倾向于通过自己的眼睛而不是别人的眼睛来看待世界，虽然他们在语言方面变好了，但他们仍然以非常具体的方式思考。在具体运算阶段，他们对事件的思考更加逻辑化，也变得更加有组织，并开始使用归纳逻辑。在形式运算阶段，他们更

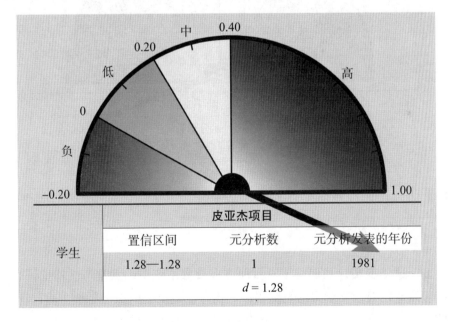

皮亚杰项目		
置信区间	元分析数	元分析发表的年份
1.28—1.28	1	1981
$d = 1.28$		

图 4.1　皮亚杰项目

多的是采用抽象思维和推理，以及使用演绎逻辑。儿童如果仍然主要处于感知运动阶段，就很难解码和学会阅读；如果仍然处于具体运算阶段，就很难学习代数。关键信息是，教师需要了解学生是如何思考和加工信息的，并构建任务以帮助他们进入更高层次的思维方式中去。

自评成绩

自评成绩的效应量是 1.22，排在榜单的前列，尽管数据库中不同元分析关于这一因素所得的结果相差很大（见图 4.2）。核心信息是：学生知道自己的长处和短处，知道自己能做什么和不能做什么。这就促使教师将课堂教学视为一种对话，并尽可能多地获得学生对学习过程的反馈。但我们需要注意的是，学生对自己成绩应该有合适的、严格的和有抱负的期望。

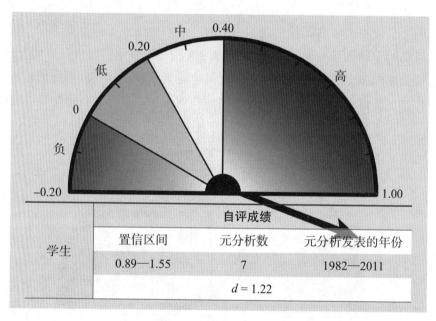

学生	自评成绩		
	置信区间	元分析数	元分析发表的年份
	0.89—1.55	7	1982—2011
	$d = 1.22$		

图 4.2　自评成绩

鉴于这一事实，我们应该对目前许多教育系统中的大量考试持批评态度。这些考试通常对成功学习的贡献很小。比考试更重要的似乎是学生对自身效能的信念，这通常与他们的自我评价不匹配。如果这种信念太低，学生对自己的能力缺乏信心，他就会变得犹豫不决、束手束脚并且缺乏安全感。犯错会被认为是对一个人弱点的印证，而不是一次锻炼自身技能的机会。这正是教师可以发挥作用的地方：他们的职责是协调学生的自评成绩与学生对自身效能的信念，然后提高这些期望，以迎接更高的挑战。

自我概念

在"可见的学习"中，该因素的效应量为 0.43，其较窄的置信区间反映了结果的一致性（见图 4.3）。什么是自我概念？回答这个问题经常使用的一个类比是绳索模型（rope model）。绳索模型强调，我们的自我概念并不是由一根纤维构成的，而是由许多重叠的自我概念构成的。绳索的强度并不取决于任何一根贯穿始终的纤维，而是取决于众多互相缠绕的纤维。这些纤维指的是自我概念的过程，比如我们对自己作为学生、朋友、儿女、玩伴的概念，以及我们的身体素质自我概念、音乐自我概念和许多其他的自我概念。下面，我们将通过举例来更详细地介绍其中两个过程：自我效能和动机。

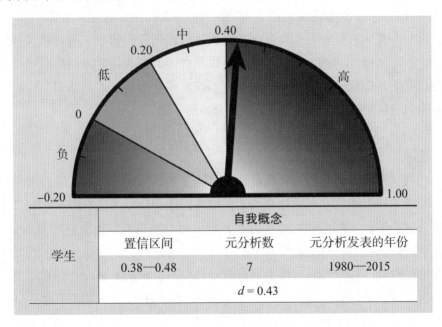

图 4.3　自我概念

在自我效能方面，一些学生倾向于将自己的成功归因于运气，将自己的失败归因于个性上的缺陷，这对他们的自我概念产生了负面影响。另一些学生倾向于将他们的成功归因于努力，并试图通过告诉自己下次需要付出更多努力才能成功来解释他们的失败。第一类学生的自我效能感较低，第二类学生的自我效能感较高。自我效能感的基本概念是相信自己可以有所作为、能够在遇到的挑战中取得成功的信心。从长远来看，自我效能感高的学生比自我效能感低的学生更有可能取得成功，因为他们寻求挑战、付出努力，对学习充满热情。也许更重要的是，他们把错误看作进一步学习的机会。这意味着教师需要关注学生的信心缺乏和焦虑，因为这些可能成为学习的主要障碍。例如，通过分享具有适当挑战性（不太难、不太无聊）的成功标准，并且告诉学生教师会为他们达到这些标准提供帮助，增强学生的信心，使他们有勇气尝试并且降低让学生无法学习的焦虑。

动机的差异对学习也有类似的影响。有些学生学习是因为他们期望获得奖励（外在动机），还有一些学生学习是因为他们对材料感兴趣（内在动机）。有些学生学习是为了在朋友或家人面前显得聪明。在所有情况下，内在动机优于外在动机，并且会带来对学习的更多的投入以及在长期来看更大的成就。

因此，教师需要培养和提高学生完成挑战性任务的信心、面对错误和失败的韧性、与同伴互动的开放性和意愿，以及在能带来成功学习的活动中投入精力的自豪感。在让学生参与学习之前，不仅要评估他们先前的知识和经验，还要对他们的自我概念和自我效能感进行全面的分析。

性别

性别如何影响学生的学业成就这个问题在不同国家和全球范围内被反复讨论（见图 4.4）。毫无疑问，这个因素是所有因素中最受关注的因素之一。尽管置信区间表明，不同的研究之间存在差异，但从结果看，其效应量只有 0.02，这是很小的（我们将所有元分析中这一因素均转化为"男生 vs. 女生"）。男生和女生在数学、科学和语言能力方面的差异很小。我们甚至反复看到两个群体内部的差异大于他们之间的差异。男生与女生的相似之处多于不同之处。男生是更好的数学家和科学家，女生更善于倾听和讲外语，这都不是真的。

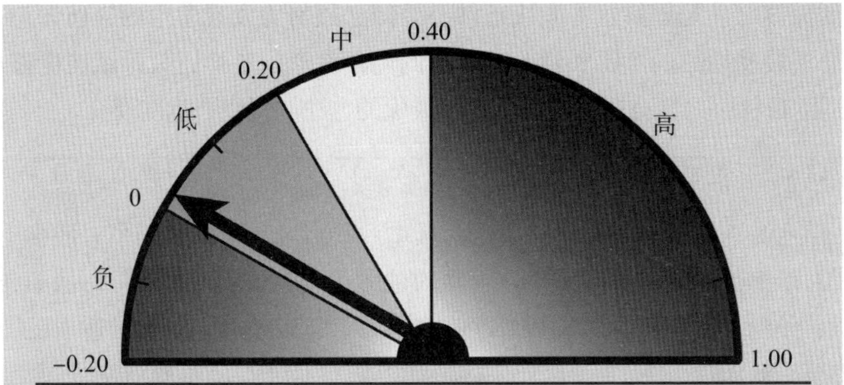

学生	性别		
	置信区间	元分析数	元分析发表的年份
	-0.07—0.11	30	1980—2015
	$d = 0.02$		

图 4.4　性别

　　这一结果如何与国际学生评估项目（PISA）的研究相吻合呢？该项目多次因声称男生比女生更擅长数学的说法登上头条新闻。然后，经过更仔细的推敲，这种冲突得到了解决：PISA研究的结果确实揭示了男生和女生学业成就之间的差异，但几乎在所有国家，这种差异不到5%。5%意味着什么呢？意味着这是一个很小的差异，组内的差异比这大得多。从这个意义上来说，PISA夸大了微小的差异：男生和女生的社会行为可能是不同的，教育者可能并不总是一视同仁。例如，鼓励女生解决与男生不同的任务，并且基于性别寄予不同的期望。因此，我们不应该对男生和女生有不同的期望，不应该根据学生的性别分类他们所能做的事情，要理解每名学生都可以成功。

　　如果我们总结上述对"学生"领域的思考，就会得出两个结论。首先，有一些学生的品质和特征是不受教师影响的："性别""是否患有慢性疾病"等。而且，其中有些品质和特征对学生成绩的影响很小（如性别），有些则影响很大（如是否患有慢性疾病）。其次，也有一些学生的品质和特征可以被干预，并且几乎这些都对学生的成绩有着很大的影响，例如"自评成绩""皮亚杰项目""自我概念""自我效能感"等。我们可以从中推断出的核心信息是：成功学习的关键之一是理解这些先决条件。教师必须努力发现学生的先前知识、自我概念、接受挑战的意愿和经验，并据此调整教学。这样，教师就能更好地设定合适的目标，选择合适的内容，使用最优的方法，提供合适的媒介。

> **核心信息**
>
> 　学生为课堂带来各种先决条件，其中一些可以被干预，而另一些则不可以。对于学生的学业成就来说，重要的是那些能够被干预的条件，例如先前知识、经验和自我概念。教师对这些因素的了解以及对它们做出适当反应的能力至关重要。

在此背景下，再看看表 4.1 中所选择的因素并思考：所确定的效应量在多大程度上与我们构建的核心信息相符（见表 4.2）？

表 4.2 "学生"领域中的部分因素及其效应量

因素	负 $d < 0$	低 $0 < d < 0.20$	中 $0.20 < d < 0.40$	高 $d > 0.40$
注意力缺陷多动障碍	−0.90			
对内容领域的态度			0.38	
专心／毅力／参与度				0.42
性别		0.02		
个性			0.21	
皮亚杰项目				1.28
先前成就				0.54
减少焦虑			0.37	
自我概念				0.43
自评成绩				1.22

让我们再来看看"家庭"这个领域。

"家庭"领域的定义

"家庭"领域包含了所有影响家庭结构、家庭互动和一般家庭状况的因素。

请根据表 4.3 所示的因素思考：根据我的经验，这些因素的效果如何？

表 4.3　"家庭"领域中的部分因素

因素	负 $d < 0$	低 $0 < d < 0.20$	中 $0.20 < d < 0.40$	高 $d > 0.40$
收养的儿童				
家庭体罚				
离异或再婚				
家庭环境				
（其他）家庭结构				
父母就业				
父母参与				
社会经济地位				
移民背景				
看电视				

以下是关于对教育话语尤为重要的三个因素的解释。

看电视

众所周知，看电视对孩子的学业成就水平是有害的。综合有关看电视的研究可以得出，其效应量是 −0.15（见图 4.5）。在这里需要注意的是，它们并不构成因果关系，也就是说，当一个人看太多电视时，他的学业成就会降低，这并不是我们想要传达的信息。相反，这是一种轻微的负相关关系：那些成就水平较低的人往往会看更多的电视，久坐不动，参与更加被动的活动。如果这些学生不看电视，他们的学业成就水平可能也不会有什么影响——我们需要更多地关注让学生参与学习活动，从失败和错误中学习，并参与那些能促进学习的活动。虽然这个因素的数据库不大，但是许多研究都得出了相近的数据。

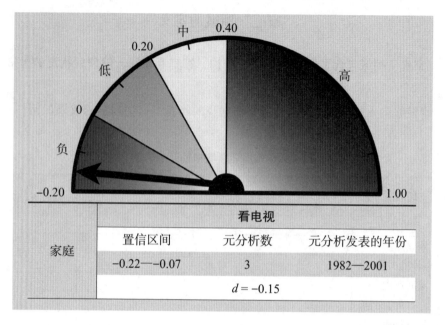

看电视		
置信区间	元分析数	元分析发表的年份
−0.22——0.07	3	1982—2001
$d = -0.15$		

（左侧表格列标题外："家庭"）

图 4.5　看电视

社会经济地位

"社会经济地位"一词包括学生家庭环境的几个方面，通常与父母的收入、职业和教育水平有关（见图 4.6）。与社会学家皮埃尔·布迪厄（Pierre Bourdieu）的研究相一致，我们也说"文化资本"和"经济资本"。社会经济地位是经常被探讨的主题，例如在教育平等的语境下时。在"可见的学习"中，社会经济地位对学生学业成就的影响相对较高，事实上它的效应量达到了 0.56，即使是它的置信区间，也保持在关节点之上。一些政客和官员对学生的学业成就与父母的社会经济地位无关的观点表示愤慨，这种"肥皂箱演讲"似乎与现实脱节。但毫无疑问，学校教育的目的是让每个孩子，不管他们父母拥有何种资源，都能茁壮成长、获得尽可能高的成就，而不是因家庭背景而变得不那么成功。

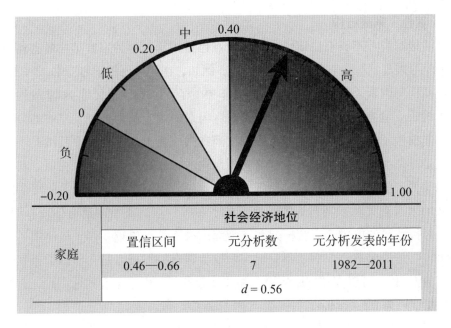

社会经济地位		
置信区间	元分析数	元分析发表的年份
0.46—0.66	7	1982—2011
$d = 0.56$		

家庭

图 4.6　社会经济地位

　　这也是所谓的"马太效应"，一种看似不可避免的"自然法则"，也就是富人越来越富，穷人越来越穷或一直穷下去。有充足的证据表明，如果一个孩子在 8 岁时没有掌握足够的阅读技能，那么他就再也追赶不上了。因此，处于劣势、教学质量差或资源匮乏等意味着孩子在 8 岁之前无法学会阅读，他们今后人生中的机会也会随之减少。

　　其原因之一是"可见的学习"的核心信息：仅凭结构的改变几乎不会产生影响。教师必须让它们真正发挥作用。例如，如果教师对移民有先入之见，他们几乎不会因为整天在学校教书而忽视这些先入之见。当我们谈论"学习的语言"时，"可见的学习"也强调另一个原因。由于有限的文化资本，许多父母无法为孩子提供其所需的支持，有时他们甚至无法与孩子的老师谈论教育和课堂教学。因此，教师首先必须尝试用"父母的语言"；其次必须支持父母，赋予他们更多的责任；最后不能仅在结构上规定教育平等，只有参与其中的人，尤其是教师，才能通过采取适当的态度实现平等。

（其他）家庭结构

结构本身并不具有决定性，这一论点也适用于"哪种家庭结构最有利于学生的学习表现？"这一问题（见图 4.7）。例如，在"可见的学习"中，"（其他）家庭结构"因素（例如，独生子女 vs. 非独生子女、异性恋父母 vs. 非异性恋父母）的效应量为 0.18，而"离异或再婚"因素的效应量为 0.28。基本的分析表明，非独生子女家庭与独生子女家庭之间在效应量上的差异微乎其微；重组家庭或是母亲参与职业活动的家庭与典型结构的家庭在效应上也很相似。其原因类似于关于学校结构的争论：是否能产生效果与家庭结构本身无关，更多的是与人的因素有关。成功与失败的教育几乎在每种家庭类型中都有体现。因此，父母对待教育的能力、心智框架和态度都比家庭结构更重要。父母使用"学习的语言"是一个核心方面（不一定与学校功课有关，可以是在与孩子相处的许多其他方面），可以在"家庭环境"和"父母参与"因素中看到这一点，它们的效应量分别为 0.53 和 0.42。

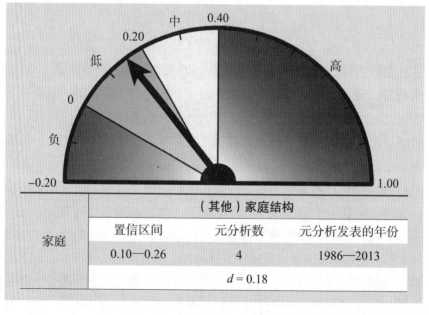

（其他）家庭结构		
置信区间	元分析数	元分析发表的年份
0.10—0.26	4	1986—2013
$d = 0.18$		

（家庭）

图 4.7　（其他）家庭结构

如果我们总结上述对"家庭"领域的思考，就会得出两个结论。首先，家庭结构和家庭条件不一定会产生影响。更重要的是家庭中的人，还有他们如何看待自己所做的事情，他们在家庭中倾听和与家人讨论什么，以及他们如何充分利用自己的时间。这可以在各种家庭结构和常见的家庭情境中发生。其次，父母必须尽可能地传递给孩子积极影响，而不是只把孩子放在电视机前。令孩子积极而非被动地参与学习，充满好奇心，有高期望，对学校不抱消极的态度，以及给孩子提供一个安全公平的环境让其探索、试错和茁壮成长，这些都是关键因素。当这些得以实现时，家庭就成为孩子在学校取得成功的基础。因此，只有父母和教师协同努力，孩子才能得到最佳的支持。事实上，如果我们希望影响孩子，那么通常得从他们的父母入手。

> **核心信息**
>
> 　　家庭对学生的学业成就有着巨大的影响。因此，在追求学习的过程中，教师和父母在平等的基础上进行密切的合作是必不可少的。教师无须事事负责，但他们可以起到很大的作用——特别是当家庭也为培养学生的学习品质提供支持时。

在此背景下，再看看表 4.3 中所选择的因素并思考：所确定的效应量在多大程度上与我们构建的核心信息相符（见表 4.4）？

表 4.4 "家庭"领域中的部分因素及其效应量

因素	负 $d < 0$	低 $0 < d < 0.20$	中 $0.20 < d < 0.40$	高 $d > 0.40$
收养的儿童			0.21	
家庭体罚	−0.33			
离异或再婚			0.28	
家庭环境				0.53
（其他）家庭结构		0.18		
父母就业		0.05		
父母参与				0.42
社会经济地位				0.56
移民背景		0.01		
看电视	−0.15			

总　　结

在"学生"和"家庭"领域中，什么是重要的？

这两个领域考察了与学生及其家庭的基本状况有关的因素，以及其中的哪些因素可以被干预，哪些因素无法被干预。这些因素包括"自我概念""皮亚杰项目""性别""社会经济地位""（其他）家庭结构""看电视"等等。

认知水平取向（皮亚杰项目）对学生的学业成就有什么影响？

先前知识水平和对学生如何处理信息的理解对学生的学业成就至关重要。因此，了解先前知识水平，并据此调整课堂教学是成功学习的基本前提。

自评成绩对学生的学业成就有什么影响？

"自评成绩"这一因素表明，学生通常能准确地知道自己的优势和劣势所在。仅出于这个原因，把教学看作一种对话似乎就很有必要了。

自我概念对学生的学业成就有什么影响？

学生对自己有独特的认识。举例来说，这可以从他们如何对待失败中看出来。这些认识对他们的学业成就产生了很大的影响，与学生深入探讨他们的自我概念十分值得。

性别对学生的学业成就有什么影响？

就数学、科学和语言能力而言，我们看到性别的影响很小，任何进一步考虑这个问题的研究得出的效应量也都很小。更重要的是教师在处理学生的社会行为时会因为其性别而有所差别，这可能导致优先对待或歧视对待。

父母的社会经济地位对学生的学业成就有什么影响？

父母的社会经济地位对学生的成绩有很大的影响。

（其他）家庭结构对学生的学业成就有什么影响？

家庭结构对学业成就的影响很小。比这更重要的是家庭内部的互动，以及与之相关的信任和激励水平。

看电视对学生的学业成就有什么影响？

看电视和学生的学业成就之间有一个（很弱的）关系：学生看电视越频繁，其学业成就越差。

关于个人和家庭环境，我们可以从中推断出什么核心信息？

就学生而言，我们可以说，尤其是那些可以被干预的条件对学生的学业成就有着巨大的影响。相比之下，那些不能被干预的则不那么重要。教师越能发现这些可以被干预的条件，并据此调整自己的课堂教学，他们的教学就越成功。关于家庭环境，可以说它对学生的学业成就有着巨大的影响，且其影响不会因学校中结构的变化而改变，因此，教师和家长之间的平等合作是必不可少的。如果这种有利于孩子的合作不能实现，教师支持孩子的能力就会受到限制。

参考文献

Bolton, S., & Hattie, J. A. C. (2018). Cognitive and brain development: Executive function, Piaget, and the prefrontal cortex. *Archives of Psychology, 1*(3), 1–16.

第五章 什么仅凭自身收效甚微：结构、框架条件与课程项目

反思性任务

想想你是如何看待结构和课程变化的，例如，延长全日制学校的在校学习实践、取消能力分班、废除中学、拓展小学的课程（比如引进新课程乃至新的学校科目）。你认为这些结构和课程改革会对学生的学业成就产生什么影响？如果你认为这些变化的影响是相当大的，为什么？如果你不相信它们有影响，又是为什么？

目标与内容

在本章中，我们将更仔细地考察"学校""班级"和"课程"这三个领域。我们将讨论一些因素来解释这些领域的核心信息。当你读完本章时，你应该能够回答以下问题：

- 在"学校""班级"和"课程"领域中，什么是重要的？
- 财政对学生的学业成就有何影响？
- 学校规模对学生的学业成就有何影响？
- 学校领导者对学生的学业成就有何影响？他们对优质学校和优质教学的强大愿景有何影响？
- 留级对学生的学业成就有何影响？
- 开放教室对学生的学业成就有何影响？
- 缩小班级规模对学生的学业成就有何影响？
- 计算器的使用对学生的学业成就有何影响？
- 户外/探险项目对学生的学业成就有何影响？
- 综合课程项目对学生的学业成就有何影响？
- 从这些关于结构和课程变化的事实中，我们可以推断出什么核心信息？

在"可见的学习"的现有数据库中，"学校""班级"和"课程"领域分别收集了 25 个、24 个和 30 个因素，包括"财政""学校规模""校长/学校领导者""班级规模""开放教室 vs. 传统教室""跳级""暑假""留级""计算器的使用""户外/探险活动"与"综合课程项目"。它们的效应量跨度非常广：从 –0.30 到 1.57。不过，核心信息却很清晰：结构和课程改革本身收效甚微。如果将成本效益考虑在内，许多结构和课程项目似乎就不那么重要了。这可以用"学校"领域中的"财政""学校规模"和"校长/学校领导者"等因素，"班级"领域中的"开放教室 vs. 传统教室""班级规模"等因素，"课程"领域中的"计算器的使用""户外/探险项目"和"综合课程项目"等因素来进行说明。

首先来看看"学校"领域。

"学校"领域的定义

"学校"这个领域包含了所有描述学校层面的结构和形式特征的因素。

请根据表 5.1 所示的因素思考：根据我的经验，这些因素的效果如何？

表 5.1 "学校"领域中的部分因素

因素	负 $d < 0$	低 $0 < d < 0.20$	中 $0.20 < d < 0.40$	高 $d > 0.40$
学生多样性				
早期干预				
财政				
针对处境不利学生的学前教育项目				
校长/学校领导者				
宗教学校				
学校规模				
单一性别学校				
暑期学校				
暑假				

以下概述了在教育政策讨论中引起广泛共鸣的三个因素。

财政

世界上最经典的政治要求和选举承诺之一是在教育上投入更多的资金。你几乎找不到一个不欢迎把更多的钱花在他们的学校上的学校领导或教师。然而，"可见的学习"基于 6 项元分析计算出的财政的效应量相对较小，为 0.19（见图 5.1）。这一结果得到了国际比较研究的证实，如 TIMSS 和 PISA。它们对不同国家进行了比较，结果表明，在教育上投入大量资金与学业成就之间并没有普遍联系。然而，声称财务状况几乎没有影响或没有影响是错误的。必须指出，基本的财政资助对于确保工资、学校建筑、照明、供暖、卫生设施等达到统一的可接受的标准是必不可少的。重要的是那些额外的钱花在了什么地方。问题是，这些资金通常被用于投资学校，而不是人。广义来讲，对物质资源的投资远高于对人力资源的投资。我们估计大约有 10% 用于建筑，10% 用于州和国家的支持，9% 用于交通和食品，7% 用于学生服务（例如健康、营养），60% 用于工资和福利，4% 用于资源和专业学习。例如，为所有教室配置昂贵的设备或通风系统有很多好处吗？不多。它不会改变课堂教学。在这里，我们再次看到，当有额外资金时，投资于人是更好的选择。户外 / 探险项目和专业发展的效应量为0.49 是有原因的——我们将在下面更详细地研究这个因素和其他相关因素。

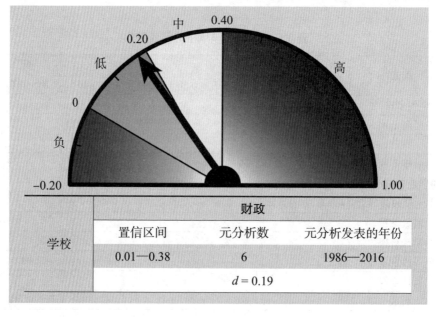

学校	财政		
	置信区间	元分析数	元分析发表的年份
	0.01—0.38	6	1986—2016
	$d = 0.19$		

图 5.1　财政

学校规模

小规模学校的关闭一次又一次地引发讨论，人们也一次又一次地抱怨学校的规模变得太大了。因此，是否有一个理想的学校规模，这个问题越发突出。在"可见的学习"中，学校规模的效应量为 0.43（见图 5.2）。在寻找最佳的学校规模时，大约 800 名学生的临界值被认为是理想的。这背后的原因是什么？这一估值主要来源于教育经济计算，必然存在某个最小的规模使机构运营的整体成本与学习结构之间呈现一种有意义的关系。如果学校规模过小，组织成本会消耗过多的资源，而规模到达一定的大小时，这个比例会达到最优值，即使学校进一步扩大也无法提高。尽管这样的计算是重要的，但为什么最佳规模是 800 名学生，还有一个更重要的因素。低于 800 人的学校通常不足以向所有学生提供一个同等丰富而广泛的课程，超过 800 人就会有更多的选修课（这些选修课通常以反向分流的方式让特定学生获得优势）。与"班级规模"的因素类似：规模本身并不是决定性的。相反，有充分的证据表明，无论课堂上学生的数量如何，教学质量，尤其是教师之间合作的质量更为重要。唯一不变的是，在这种情况下，"越小越好"的想法是行不通的（"大即美"也行不通）。因此，成功学校的决定性特征不是它们的规模，而是教师之间的合作程度、教师们的教育专长，以及师生关系的质量。

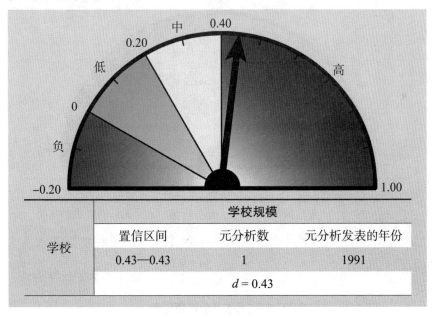

学校	学校规模		
	置信区间	元分析数	元分析发表的年份
	0.43—0.43	1	1991
		$d = 0.43$	

图 5.2　学校规模

校长 / 学校领导者

文献中经常提到，学校领导扮演着关键的角色。然而，该因素的效应量只有 0.28（见图 5.3）。置信区间已经清楚地表明，领导者的影响存在巨大差异。例如，一些学校领导者可以成为学校和课堂发展的驱动力。但也有一些学校领导者是学校改革的最有力的"刹车器"。因此，产生效果的不是职位本身，而是身居此位的人的本性和思维方式。这正是元分析所显示的。同时拥有以下两种令人兴奋的心智框架的学校领导者特别成功：一方面，他们确保学校中的每个人都感到舒适，资源充裕，在教学方式上有自主权，有信心，并对学校的愿景表现出欣赏态度（变革型学校管理）；另一方面，有些领导者们会专门设置挑战，并坚持让同事们走出舒适区。基于自身影响力的证据，他们要求并促进合作（教学型学校管理）。后者，即教学型领导者的影响最大，而变革型领导者的影响接近于零。重要的不是领导，而是何种特定的领导类型。

要成为教学型领导者，他们很可能还需要成为变革型领导者，且要创造一种信任和合作的氛围，从而对他们的学生产生影响。如果学校领导者能够成功地确保对学生的影响力的本质、水平和质量拥有一个共同的愿景，对什么是好学校和教学质量形成一种共同的理解，那么他就能够创造一种团结感，也称

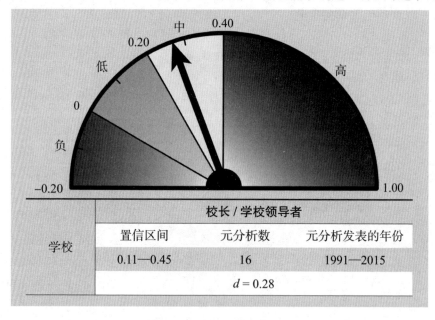

学校	校长 / 学校领导者		
	置信区间	元分析数	元分析发表的年份
	0.11—0.45	16	1991—2015
	$d = 0.28$		

图 5.3　校长 / 学校领导者

"教师集体效能感"。在"可见的学习"中，该因素的效应量最高，为 1.57。这显示了同事们更多地行动，而不仅是谈论他们自己做了什么，有多么重要。更重要的是问我们如何以及为什么要做我们所做的事情，更更重要的是对我们所说的"影响"（一年的投入要有一年的成长）意味着什么、谁取得进步和谁没有取得进步，以及"影响"在全校范围内的含义进行多方讨论。因此，这事关为什么要让同事看到自己思考和行动，事关就共同目标达成一致，事关在每天、每堂课、每一次师生讨论中都去落实、检验和进一步发展这个共同愿景。这就需要学校领导者发挥作用。

如果我们总结上述对"学校"领域的思考，我们会清晰地看到：结构变化本身的影响很小。它们需要教师来进行整合。没有教师，它们仍然是相对无效的。

> **核心信息**
>
> 结构变化本身几乎没有效果。只有当教师或校长赋予新的教学结构以活力，并相应地调整教学方法时，它们才会产生积极的影响。学校领导者在激活新结构上发挥着关键作用：他们需要就向教职工引入结构性干预的方式负责。他们可以激发教师表达态度和意见，他们的领导力体现在影响学校内部的气氛和学生产生的效应上。

在此背景下，再看看表 5.1 中所选择的因素并思考：所确定的效应量在多大程度上与我们构建的核心信息相符（见表 5.2）?

表 5.2 "学校"领域中的部分因素及其效应量

因素	负 $d < 0$	低 $0 < d < 0.20$	中 $0.20 < d < 0.40$	高 $d > 0.40$
学生多样性		0.09		
早期干预				0.48
财政		0.19		
针对处境不利学生的 学前教育项目				0.52
校长 / 学校领导者			0.28	
宗教学校			0.23	
学校规模				0.43

续表

因素	负 $d < 0$	低 $0 < d < 0.20$	中 $0.20 < d < 0.40$	高 $d > 0.40$
单一性别学校		0.08		
暑期学校			0.22	
暑假	−0.02			

然后来看看"班级"领域。

"班级"领域的定义

"班级"领域包含了所有描述课堂层面的结构和形式特征的因素。

请根据表 5.3 所示的因素思考：根据我的经验，这些因素的效果如何？

下面将详细地解读在教育政策中反复引起争论的三个因素：留级、开放教室 vs. 传统教室、班级规模。

表 5.3 "班级"领域中的部分影响因素

因素	负 $d < 0$	低 $0 < d < 0.20$	中 $0.20 < d < 0.40$	高 $d > 0.40$
能力分班				
跳级				
背景音乐				
班级规模				
混年级 / 混龄班级				
开放教室 vs. 传统教室				
留级				
校历 / 时间表				
小组学习				
班内分组				

留级

留级（让学生复读一个学年）是负效应最大的因素之一：−0.30（见图 5.4）。留级是许多国家的普遍做法，并且已经存在了很长时间。看一下其数据，请注意置信区间。让学生留级会导致更低的学业成就，并增加学生后续失败和辍学的可能性。

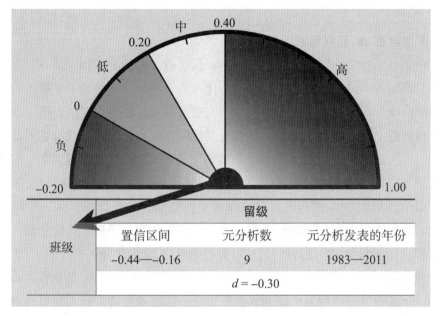

图 5.4　留级

这些学生需要的不是更多的相同课程、任务和经验；他们真正需要的是不同课程、任务和经验。在大多数学校，除了留级，唯一的选项是与他们的同龄人一起升入更高的年级。但是对于这些学生来说，为了确保他们在学习中获得成功，确保他们参与并享受学习的挑战，以及确保他们接触到最初可能错过了的核心概念，额外的关注是必要的。这意味着不仅要让他们升入更高的年级，还要特别关注他们的学习需求。让他们留级只会让他们重复同样的功课，结果往往是一样的。

公共教育讨论经常忽视许多课堂结构问题。结构性措施必须伴随相关各方的具体行动。这可以用这一补充性因素来说明："跳级"（在许多意义上，这是留级的反面）。相关的研究检验了跳级对资优学生的学业成就的影响。其效应量为 0.58，相对较高。这种学业成就的进步的原因是什么？乍一看，结构性干预似乎带来了预期的成功。然而，经过更仔细的分析，我们发现不仅仅是结构性干预，还有随之而来的教学。通过跳级，资优学生可以参加最适合他们表现的课程；他们迎接更大的挑战，因此更专注于学习。在这方面，结论仍然是决定性的："跳级"是一种结构性措施，只有教师赋予其活力才能发挥出最佳的效用。

开放教室 vs. 传统教室

在"可见的学习"中，"开放教室 vs. 传统教室"被分配到"班级"这个领域是有原因的。这一因素主要与结构变化有关。例如，一些研究考察了当教室中朝前的座位模式被小组书桌取代，当墙壁被拆除，或者当阅读、工作和放松的角落被建立时，会发生什么。尽管与其他因素相比，实证基础可能不是最好的，但效应量为 0.02 的结果是十分明确的（见图 5.5）。这些措施对学生的成绩没有影响，因为如果教师不改变他们的教学风格，充分利用外部物理条件变化所带来的可能性，那么谁会对一成不变的结果感到惊讶呢？无论空间如何变化，他们都以旧的模式进行教学。有很多证据表明，当教学开始变化；当教师互相合作制订计划；当教师们一起教授学生（例如，60—90 人一个班级），开展教学和评估；当在教与学的过程中，"讲与练"的方式转变为更多的师生合作——这些都有可能发生在开放教室中——然后我们就可以看到明显的积极改进。

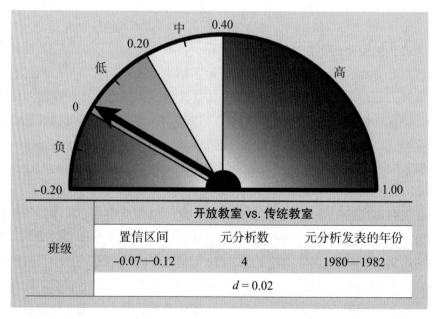

班级	开放教室 vs. 传统教室		
	置信区间	元分析数	元分析发表的年份
	−0.07—0.12	4	1980—1982
	$d = 0.02$		

图 5.5　开放教室 vs. 传统教室

班级规模

关于这一因素的大多数研究都是考察缩小班级规模（例如，班级人数减少为 10 名或 15 名学生）对学生学业成就的影响。让许多人感到惊讶的是，其效应量也很小，只有 0.14（见图 5.6）。几乎所有被问及这个问题的人都会回答：缩小班级规模对学业成就有积极的影响。那么，这个结果是如何产生的呢？这些研究的结果高度一致，即缩小班级规模本身的影响非常小，因为教师并未因为这种干预而改变他们的教学方法。例如，他们没有利用学生人数较少的优势来提供更好的反馈，没有与学生进行更多的对话，也没有让学生更多地参与到教学过程中。事实上，规模更小的班级反而倾向于去做更多的"讲与练"。从这些思考中得出的结论并不是说缩小班级规模是没有意义的——影响很小，却是积极的，也不是说应该扩大班级规模。相反，很清楚的是，如果教师们不利用改变后的结构，它们实际上是没有效果的。

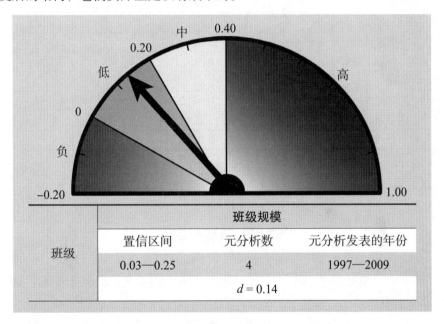

班级规模		
置信区间	元分析数	元分析发表的年份
0.03—0.25	4	1997—2009
	$d = 0.14$	

图 5.6　班级规模

基于以上思路可以做出以下总结。

> **核心信息**
>
> 仅课堂层面的结构变化本身影响并不大。只有教师赋予这些结构活力，并相应地调整自己的行动，它们才能发挥效用。

在此背景下，再看看表 5.3 中所选择的因素并思考：所确定的效应量在多大程度上与我们构建的核心信息相符（见表 5.4）？

表 5.4 "班级"领域中的部分因素及其效应量

因素	负 $d < 0$	低 $0 < d < 0.20$	中 $0.20 < d < 0.40$	高 $d > 0.40$
能力分班		0.11		
跳级				0.58
背景音乐		0.08		
班级规模		0.14		
混年级 / 混龄班级		0.04		
开放教室 vs. 传统教室		0.02		
留级	−0.30			
校历 / 时间表		0.09		
小组学习				0.45
班内分组		0.16		

最后是"课程"领域。

"课程"领域的定义

"课程"领域包括所有实施教学–方法论项目以促进学生在专业水平上的学业成就的所有因素。

请根据表 5.5 中所示的因素思考：根据我的经验，这些因素的效果如何？

以下三个因素：计算器的使用、户外 / 探险项目和综合课程项目，解释了我们应该在课程项目中寻找什么。

表 5.5　"课程"领域中的部分因素

因素	负 $d < 0$	低 $0 < d < 0.20$	中 $0.20 < d < 0.40$	高 $d > 0.40$
双语项目				
下国际象棋				
综合课程项目				
戏剧 / 艺术项目				
数学教具				
激励项目				
户外 / 探险项目				
知觉运动项目				
社交技能项目				
拼写项目				
计算器的使用				
视知觉项目				

计算器的使用

当第一台袖珍计算器问世时，它被认为有望改变甚至可能彻底改变数学教学，因而引发了激烈的讨论。人们的立场不一，从"欣喜若狂"到"世界末日"——类似于最近关于教育数字化的讨论。回顾过去，怀疑者可以声称他们是正确的：0.23 的效应量仍然远低于 0.4（见图 5.7）。然而，仔细分析这些数据是有必要的，因为事实证明，计算器确实可以达到预期的目的。例如，当它们减轻学生的认知压力，让学生将更多精力投入到解决实际问题中时，或者被学生用作检查自己作业中错误的一种工具时。有证据表明，这两种方法结合起来，会让人们对数学有更积极的态度。另外，把计算器的使用作为算术、逻辑和空间思维的简单替代是有问题的；但如果使用得当，在正确的时间，减轻学生的负担，以帮助他们解决问题，它们就可能是非常有价值的。

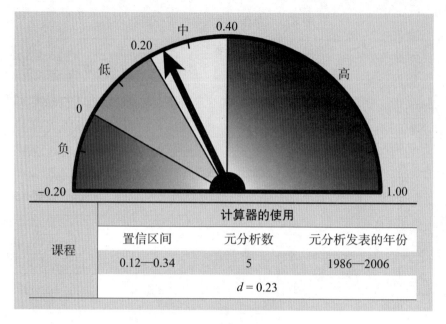

表格部分：

计算器的使用		
置信区间	元分析数	元分析发表的年份
0.12—0.34	5	1986—2006
$d = 0.23$		

（左侧标注：课程）

图 5.7　计算器的使用

户外 / 探险项目

这一因素包括拓展野营旅行和野外体验等项目。其效应量为 0.49，是比较大的效应量（见图 5.8）。这 4 项元分析主要来自美国和澳大利亚。对于数学、科学和语言能力、社交技能、自我概念和动机等这些被检验的领域，户外 / 探险项目的影响都是积极的。户外 / 探险项目还有另一个特点：它们具有所谓的"后续效应"（follow-up effect），即在干预结束之后仍然能保持其影响。这在教育中是很少见的。大部分教育项目存在所谓的"衰退效应"（fading effect），即经过一定时间后，干预的影响不会再被检测到。例如，在"学前项目"因素中就可以观察到这种衰退效应。在四年级结束时，我们再也不能确定哪些孩子参与了学前项目。户外 / 探险活动能有持续影响的原因有哪些？第一个原因是清晰。这一领域中的成功项目的特点是，学生和教师都意识到目标、内容、方法和媒介，所有这些都是可理解的、具有挑战性的、具体的和可行的。第二个原因是师生关系和生生关系。这些人际关系通过这种充满刺激的环境中的共同活动得以发展。合作是必要的，信任得以建立。由此我们可以得出两个结论。首先，这些理由可以适用于所有结构、课程和教学方面。它们对于成功学习是必不可少的。

其次，将这一因素与前文提到的全日制学校等结构性干预措施进行比较是很有趣的。如果我们进行成本效益计算，结果是显而易见的：户外／探险项目的影响更大，成本更低。

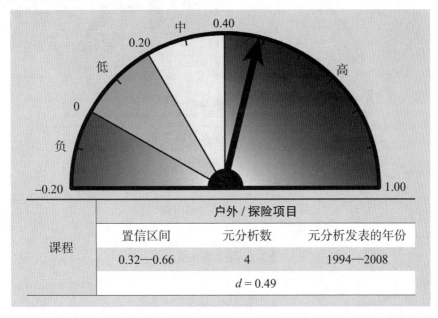

图 5.8　户外／探险项目

综合课程项目

　　仅看这一因素的统计数据就令人兴奋。一方面，其效应量为 0.93，是《可见的学习》中的最高值之一，这让人们乐于了解它（见图 5.9）。另一方面，其基于的元分析之间差异很大，这也反映在置信区间上。这个因素的本质是什么，其成功的条件是什么？这种课程项目聚焦于带标注的课程、详细的课程规划和广泛的配套材料，比如教学工作单或用于评估的绩效调查。然而，结果如何还得看实施的质量——就像把糠从小麦中分离出来。如果教师团队能够密切地讨论，关注自己教学设计的有效性，并且重复地评估它们，结果就会有赖于基于证据的方法以及对教学质量的共同愿景。反之，如果教师团队觉得这些材料的开发过于烦琐，结果就会缺乏必要的教学深度和实证检验。然而，如果它们能成功地引发教师的讨论，激发关于教学质量的沟通，并开始为自己的想法和行动寻找证据，那么它们就会具有影响力。

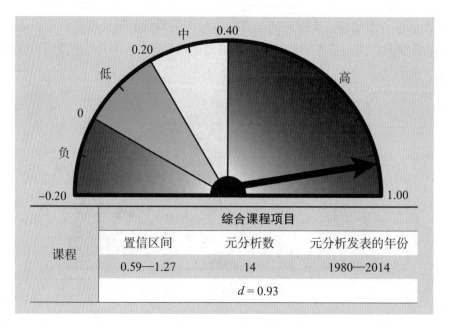

	综合课程项目		
	置信区间	元分析数	元分析发表的年份
课程	0.59—1.27	14	1980—2014
		$d = 0.93$	

图 5.9　综合课程项目

我们可以从"课程"这一领域中得到哪些核心信息？它与教师有什么联系？课程项目的成功在很大程度上取决于课程的结构水平和清晰度，以及由此产生的教师实施的可能性。这一结论适用于任何内容："方式"（how）比"内容"（what）更重要。就其本身而言，课程项目收效甚微。它们必须由教师赋予活力。

核心信息

　　课程项目对学生学业成就的影响可以很大。这取决于教师如何安排课程。课程项目越有条理、越清晰，教师实施起来就越成功。这并不意味着教师需要成为课程的"奴隶"，当有优秀的课程可用时，他们可以更好地适应它并监控其有效性。

在此背景下，再看看表 5.5 中所选择的因素并思考：所确定的效应量在多大程度上与我们构建的核心信息相符（见表 5.6）？

表5.6 "课程"领域中的部分因素及其效应量

因素	负 $d < 0$	低 $0 < d < 0.20$	中 $0.20 < d < 0.40$	高 $d > 0.40$
双语项目				0.53
下国际象棋			0.34	
综合课程项目				0.93
戏剧 / 艺术项目				0.41
数学教具			0.33	
激励项目			0.36	
户外 / 探险项目				0.49
知觉运动项目		0.08		
社交技能项目				0.44
拼写项目				0.58
计算器的使用			0.23	
视知觉项目				0.66

总 结

在"学校""班级"和"课程"领域中，什么是重要的？

我们特别地审视了这些领域中的结构和课程项目，包括"学校"领域的"财政""学校规模""校长 / 学校领导者"，"班级"领域的"留级""开放教室vs. 传统教室""班级规模"和"课程"领域的"计算器的使用""户外 / 探险项目""综合课程项目"。

财政对学生的学业成就有何影响？

基本的财政支持是必不可少的。对于所有额外的投资而言，关键因素是钱怎么花。人力资源投资（发展教育专长）通常比物质资源投资更有效。

学校规模对学生的学业成就有何影响？

学校的规模与教育经济学有关。但就学生的学业成就而言，更重要的是教师和学生在现有结构内的共同合作。无论学校规模如何，都可以实现这一点。

学校领导者对学生的学业成就有何影响？他们对优质学校和优质教学的强大愿景有何影响？

学校领导者发挥着核心作用——这不在于一个人被授予这个职位，而在于这个人如何发挥他的职能。因此，为了确保成功地影响学生的学习，协作领导的能力和积极的态度是至关重要的，这可能体现在以下这一事实中：成功的学校领导者总是能够为学校和教学建立一个共同的愿景，也就是对有效性的集体期望。

留级对学生的学业成就有何影响？

留级通常会带来消极影响。

开放教室对学生的学业成就有何影响？

开放教室的效果很小，因为它并不一定会带来教学方法的改变。

缩小班级规模对学生的学业成就有何影响？

缩小班级规模产生了轻微的积极影响。学生确实能够从中受益，但不多。

计算器的使用对学生的学业成就有何影响？

计算器的使用对学生学业成就的影响不大。在这种情况下，决定性因素不是这一工具，而是关于为什么以及何时应该使用计算器的教学思考。

户外/探险项目对学生的学业成就有何影响？

户外/探险项目对学生的学业成就有很大影响。它们通常以清晰的目标、内容、方法和媒介为标志，这是此类干预有效的根本原因。

综合课程项目对学生的学业成就有何影响？

综合教学干预可以对学生的学业成就有重大影响。在这种情况下，这些课程项目的特点是清晰性和结构化，使教师深化理解、反思和交换关于他们教学的证据。

从这些关于结构和课程变化的事实中，我们可以推断出什么核心信息？

仅仅结构和课程的变化，影响并不大。只有当教师充分利用新的教学结构，并相应地调整教学方法时，它们才会产生大影响。

第六章 学习在哪里变得可见：教与学的过程

反思性任务

反思一下那些给你带来最大益处的课堂：它们采用的是开放的还是传统的学习方式？或者说，决定性因素是教师组织和实施课程的方式吗？或者说，一节课的成功建立在你作为学生必须和被允许如何做的基础之上吗？

目标与内容

本章将在"教学策略""实施方式"和"学习策略"三个子领域的基础上，更仔细地考察"教学"这一领域。我们将介绍一些因素来提取这些领域的核心信息。当你读完本章时，你应该能够回答以下问题：

- 在"教学策略""实施方式"和"学习策略"这三个子领域中，什么是重要的？
- 反馈对学生的学业成就有什么影响？
- 目标对学生的学业成就有什么影响？
- 教师提供形成性评价对学生的学业成就有什么影响？
- 直接教学对学生的学业成就有什么影响？
- 合作学习对学生的学业成就有什么影响？
- 基于问题的学习对学生的学业成就有什么影响？
- 手机对学生的学业成就有什么影响？
- 刻意练习对学生的学业成就有什么影响？
- 学习风格匹配对学生的学业成就有什么影响？
- 元认知策略对学生的学业成就有什么影响？
- 关于"教学"这一领域，我们可以从中推断出什么核心信息？

与《可见的学习》一样，就元分析的数量而言，"教学"仍然是研究最深入的领域。当时就已有 412 项元分析，而现在有 639 项。因此，毫不奇怪，这个领域包含了最多的因素：105 个。这使我们很难概述这一领域并挑选出典型因素，但并非完全不可能。在数据库扩展到 1400 多项元分析的过程中，我们将"教学"这个领域分为以下三个子领域，这有一定的帮助：

一是"教学策略"子领域，包括"反馈""目标"和"提供形成性评价"等因素。从教师的角度来看，这些都是以优化教与学过程为目的的干预措施。这些措施通常可以独立于学科使用。

二是"实施方式"子领域，包括"直接教学""合作学习""手机"等因素。也就是说，重点是这些优化学习者和教师之间互动的干预措施。

三是"学习策略"子领域，包括"刻意练习""学习风格匹配"和"元认知策略"等因素。这些干预措施针对的是学生，目的是帮助他们成功地学习。

在全面地分析"教学"这一领域之前，我们先来看看以下三个子领域。

首先是"教学策略"子领域。

"教学策略"子领域的定义

"教学策略"子领域包括教师认为优化教与学过程所需的所有因素。

请根据表 6.1 所示的因素思考：根据我的经验，这些因素的效果如何？

表 6.1 "教学策略"子领域中的部分因素

因素	负 $d < 0$	低 $0 < d < 0.20$	中 $0.20 < d < 0.40$	高 $d > 0.40$
行为目标者 / 先行组织者				
课堂讨论				
绘制概念图				
反馈				
目标承诺				

续表

因素	负 $d < 0$	低 $0 < d < 0.20$	中 $0.20 < d < 0.40$	高 $d > 0.40$
目标				
学习层级				
计划和预测				
提供形成性评价				
干预反应法				
样例				

反馈

反馈作为一个特殊因素脱颖而出，不仅是因为它有很高的效应量：0.70（见图 6.1），还因为它是基于 31 项元分析和 1463 项独立研究得出的，它是拥有最大数据库的因素之一。因此，反馈是得到最充分研究的因素之一。然而，这不应该使我们忽视这样一个事实，即研究结果之间有非常大的差异，并不是每一种反馈形式都是自动有效的。置信区间说明了这一点。哪种反馈形式对成就的影响最大？不是表扬或批评，比如"你做得很好"或"你做得不是很好"。事实上，这是最糟糕的反馈形式之一，如果没有其他原因，它至少会妨碍我们获取

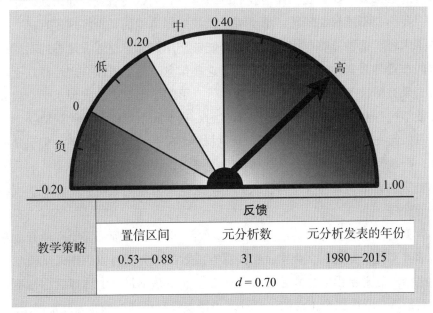

图 6.1　反馈

关于自己表现的真正反馈信息——我们只记得表扬，而忽略真正的反馈。两者的有效性都有限，因为它们只关注自我，不提供任何关于学习目标和学习本身的详细信息。

此外，表扬不能向学生提供关于如何控制和调节自己学习的信息。这正是学习者最想要和最迫切需要的信息。然而，正如前面提到的，尽管反馈的效应量在总体上是很高的，但它也有很大的可变性。厘清这种可变性至关重要。

如果我们在四个层面检视反馈会有所帮助：任务、过程、自我调节和自我。尽管教师经常提供反馈，但反馈需要聚焦于（或略高于）学生的学习水平。如果是在任务层面（学习内容和概念），这是反馈最起作用的地方；如果是在过程层面（教师帮助学生解决错误，尝试新的学习方式），反馈也是积极的；如果是在自我调节层面（学生自己发现错误，调节自己的工作），反馈肯定也是有帮助的；把反馈集中在"自我"（即表扬）上是没有什么价值的。此外，每个层面的反馈通常会解决三个问题：我要去哪里？我的进展如何？下一步去哪里？在这种情况下，我们会讨论"正馈""后馈"和"前馈"。图 6.2 总结了这些想法。

错误使反馈更有力量。重要的是不要把错误视为坏事或必须避免的事情。错误是学习的一部分，它给我们提供了未来如何取得成功的重要信息。错误也是教学的一部分。如果我们评估我们的教学，我们就会看到，如果缺乏学生的反馈，我们就不能解决问题：学生可以让我们知道他们是否实现了目标、是否理解了内容、是否能够应用方法、是否能够使用媒介、是否有足够的时间，以及空间布置是否有益。一旦教师掌握了这些信息，他就可以合理地计划下一堂课。如果教师缺乏这些信息，他的计划就有可能超出学生的表现水平。仅凭教师对教学过程和教学成功的自评是不够的。这实际上可能是一种误解：学生有时学习如何在课堂上"装模作样"，玩这样的游戏——看起来很忙，但只是完成任务，听教师讲课。因此，从教师的角度来看，课堂可能进展得非常顺利，但实际上学生们感到无聊或没有投入其中。这些都清楚地表明：反馈对学生和教师都很重要。

事实上，它是教与学的最重要的驱动力。学生和教师都需要一种开放和学术的学习文化，在这种文化中，错误富有成效的那方面可以用作未来教学和学习的机会。处理错误的方式是教育专业性，而不是不足性的体现。犯错不是问题，而是教与学中完全正常的一部分。当错误没有得到处理并因此重复出现时，问题就出现了。世界上最优秀、最成功的篮球运动员之一——迈克尔·乔丹

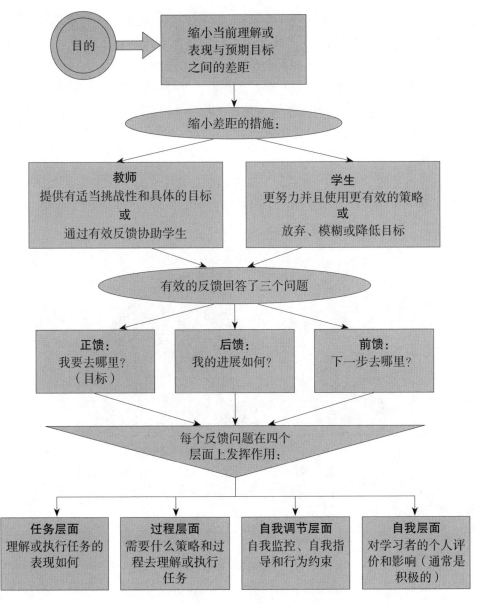

图 6.2　反馈模型

描述了错误与成功之间的关系，令人印象深刻："我起码有 9000 次投球不中，我输过不下 300 场比赛，有 26 次人们期待我投入制胜一球而我却失误了。我的一生中，失败一个接着一个，这就是为什么我能够成功。"

在这一点上，我们要提醒你避免另一个误解：虽然表扬和批评对学业成就没有直接影响，但它们并非一文不值。它们在另一个层面上很重要，即在建立师生关系、建立一种信任和安全的氛围上。关键的是，我们应该恰到好处地运用表扬和批评：足够频繁但不要过于频繁，并且在恰当的时间为了恰当的目的——不要让表扬妨碍学生倾听和理解有关他们学习表现的反馈。

目标

在"可见的学习"中，"目标"这个因素达到了 0.59 的效应量（见图 6.3）。目标与本书中已经提到的其他几个因素密切相关，特别是与"我关注学习和学习的语言"这一心智框架相一致。

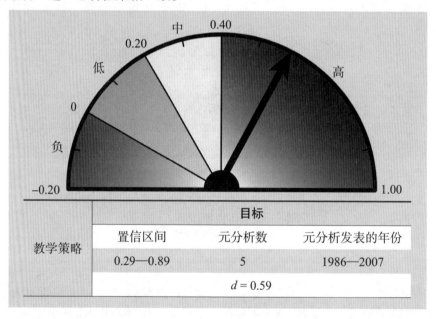

教学策略	目标		
	置信区间	元分析数	元分析发表的年份
	0.29—0.89	5	1986—2007
	$d = 0.59$		

图 6.3　目标

在那次讨论中，我们关注到这样一个事实，即当教师基于学生的先前知识水平进行考虑时，目标中所包含的选择和其中的细节会更成功。这包括了解学生的学习情况、了解学生如何看待自己的学习和经历、了解学生从他们的家庭和文化中带来了什么、了解他们对挑战的反应以及在学习上投入更多的意愿，并且将这些先前知识作为教学和指导的基础。这意味着可能有必要为不同的学生设定不同难度级别的目标，这是我们接下来将要讨论的问题。在此背景下的另一个重点是，我们指的不是那些通常可以在课程中找到的目标。那些课程目标通常离学生太远——离某一节课或某一天的学习太远。我们需要更具体的教学目标，以满足学生专注于清晰的学习目标的特定需求。

目标最重要的方面是，它们应该明确在课程中要达到的挑战水平——概念、概念之间的关系，或者将知识和理解迁移到新任务中。师生需要就掌握的程度进行交流。马杰（Mager，1997）增加了三个更有价值的标准（第三个标准与我们的"有挑战性的目标"这一关键属性很接近）：

1. 目标需要描述学生在结课时应该表现出来的可观察到的行为（例如，写、算、读）；

2. 目标需要列出监控学生行为的条件（例如，允许多长时间完成作业，允许使用什么辅助工具，是否可以与其他学生一起合作）；

3. 目标需要具体规定评价标准，以确定学生是否以及在多大程度上实现了他们的目标（例如，需要正确完成多少任务）。

对此，我们做一些补充，与学生共同构建目标是有帮助的，但教师必须清晰地把目标告知学习者。

这也说明了为什么我们经常在教育情境中和父母之间听到的"尽力而为"（do your best）的建议通常对学习过程不是很有帮助。它太模糊、太不精确、太武断，无法经受详细和令人信服的分析。对于许多学生来说，无论他们做什么，他们都会认为自己已经尽力，而有时这种"尽力"还不够好。的确，元分析中的大多数研究都将"尽力而为"与"有适当挑战性"的任务进行了对比，这导致了学习质量上的主要差异。例如，杰西（一个跑步者）设定了在10公里的赛道上尽力而为的目标，他应该如何评估这次跑步？杰西最好设定一个具体的时间作为目标，并努力实现它——比如在60分钟内跑完10公里。如果这个目标与杰西的个人最佳成绩相关，那么它将更加强大。因此，我们看到目标变成了一个有适当挑战性的任务。此外，它还暗示了成功的目标的一个关键点：仅仅教师清楚其教学目标是不够的。尽管这很重要，但也只是第一步。第二步包括通过与学生达成一种共同理解，即学习如何继续，以及如何使成功学习的标准可见，确保学生理解这种清晰度。大多数学生很快就理解了"个人最佳成绩"

的概念，这是向学生介绍有挑战性的目标的一种强有力的方式。

与其说"尽力而为"，不如考虑用"个人最佳成绩"（personal best）。"个人最佳成绩"至少有一种成就感，能作为我们当前学习的参考。我们已经了解了什么，我们能学到更多或更好的东西吗？安德鲁·马丁和他的同事（Andrew Martin et al., 2016）的研究表明，"个人最佳成绩"能正向预测学生的抱负、课堂参与、对学校的喜爱、对学校任务的坚持和参与，以及在考试中的成就和努力。"个人最佳成绩"的主要价值在于让学生"拥有"了目标，让学生清楚他们需要"努力超越以前的最佳成绩"，帮助学生将注意力和精力集中在与目标相关的任务上，在激发能量和努力的同时为学生创造内部压力，从而激励他们持之以恒，并坚持完成任务（哪怕经常失败）。"个人最佳成绩"与马杰的三个标准中的每一个都相关：展示更多或更好的工作、检查和修改工作、提出更多问题、与他人合作、更好地利用时间、寻求关于成功评估标准的建议，并在任务中表现得更好（另见 Martin，2012）。

提供形成性评价

形成性评价，即对教学过程的评价，是一种特殊类型的反馈（见图 6.4）。它不同于总结性评价，总结性评价是从收益的角度来评价教学结果。教学过程评价尝试收集信息以改变评价过程中的具体情况，而教学结果评价则着眼于整个教育体系，以推动中长期的改变。例如，测试可以被视为对教学过程的评价，而像 PISA 这样的研究可以被视为对教学结果的评价。

这个因素的数据库只包含 3 项元分析，虽然很小，但很明确。提供关于教师影响力的形成性评价有很大的效应量，为 0.90。上面所提的测试的例子说明了这一点：测试包含了学生在接受一段时间的教学后的学业成就水平的信息。这告诉我们，学生学到什么、还未学到什么，哪些地方需要复习和加强，以及什么教学方式有效。所有这些都提供了关于学生的重要信息，以及对教师至关重要的反馈：前提是教师知道学生能做什么和哪些策略对他进一步地计划课堂有效。向教师提供形成性评价有助于使学习可见。

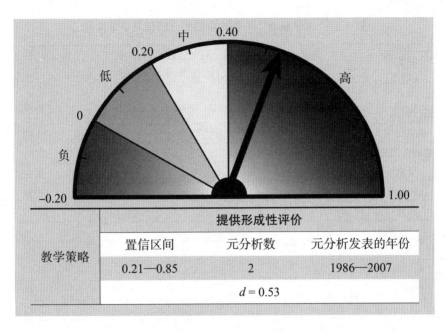

	提供形成性评价		
教学策略	置信区间	元分析数	元分析发表的年份
	0.21—0.85	2	1986—2007
		$d = 0.53$	

图 6.4　提供形成性评价

如果我们总结上述对"教学策略"子领域的思考，就会发现上述因素中没有任何一个因素总是自发地起作用的。重要的是，教师要根据他们对班级的了解和最初的学习情况，决定在哪个时间点，就哪个学习目标，对哪个学习者采取何种措施，然后不断地反思和回顾这种措施。

> **核心信息**
>
> "教学策略"不能单独发挥作用。只有教师有能力和态度来选择适合学生特定需要的方法，检查他们是否自信和欣赏、乐于对话与沟通、勇于挑战和受到激励，并且能够促进一种错误被视为学习机会的积极文化时，"教学策略"才能达到它们的效果。

在此背景下，再看看表 6.1 中所选择的因素并思考：所确定的效应量在多大程度上与我们构建的核心信息相符（见表 6.2）？

表 6.2 "教学策略"子领域中的部分因素及其效应量

因素	负 $d < 0$	低 $0 < d < 0.20$	中 $0.20 < d < 0.40$	高 $d > 0.40$
行为目标者 / 先行组织者				0.41
课堂讨论				0.82
绘制概念图				0.61
反馈				0.70
目标承诺				0.44
目标				0.59
学习层级		0.19		
计划和预测				0.56
提供形成性评价				0.53
干预反应法				1.34
样例				0.47

其次是"实施方式"子领域。

"实施方式"子领域的定义

"实施方式"子领域包含了所有旨在优化学生和教师之间互动的因素。

请根据表 6.3 所示的因素思考：根据我的经验，这些因素的效果如何？

表 6.3 "实施方式"子领域中的部分因素

因素	负 $d < 0$	低 $0 < d < 0.20$	中 $0.20 < d < 0.40$	高 $d > 0.40$
点击器				
合作 / 协同教学				
竞争学习 vs. 个体学习				
合作学习				
合作学习 vs. 竞争学习				
合作学习 vs. 个体学习				
直接教学				

因素	负 $d < 0$	低 $0 < d < 0.20$	中 $0.20 < d < 0.40$	高 $d > 0.40$
发现式教学				
家庭作业				
归纳教学				
探究式教学				
拼图法				
手机				
一对一的笔记本电脑				
基于问题的学习				
使用演示文稿				

直接教学

直接教学是这样一种教学形式：教师遵循明确的目标，有意地引导学生实现这些目标，其效应量为 0.45，高于平均水平（见图 6.5）。回顾过去，这一因素引起了一些误解。这一点也可以从其置信区间中看出。许多人把它等同于讲台教学和大量讨论。这是不正确的，当我们仔细地审视"直接教学"这个术语时，这一点就变得更明显了。这一术语来自美国教育系统，当它被视作"讲授式教学"时，我们就需要注意了——它们是不同的。

这意味着在应用"可见的学习"的结果之前，有一个术语问题需要澄清。我们所说的"直接教学"是什么意思？这种方法的本质性特征是教师在目标、内容、方法和媒介方面的清晰性，而且教师能够向学生展示这种清晰性。归根结底，它描述了这样一种教学情况：教师和学生都确切地知道谁必须做什么、什么时候做、为什么做、如何做，以及和谁一起做。教师在不忽视学生自身活动的重要性的情况下，通过教学技巧"引导"课堂。这种教学形式尤其有利于那些处于弱势的学生，他们比其他较强的学生更依赖清晰的方向。所有这些都可以在组织良好的讲授式教学中实现——但并非总是如此。同样，这也可以在一个成功的小组合作阶段实现。这是证据的问题：这种方法对学业成就的影响是什么？我如何使这种影响可见？在直接教学的情况下，这个问题很容易回答：直接教学是一种对学业成就有巨大影响的方法。它既可用于封闭式课堂教学，也可用于开放式课堂教学，其主要特征是教师和学生对目标、内容、方法、媒介、空间和时间有清晰的认知。

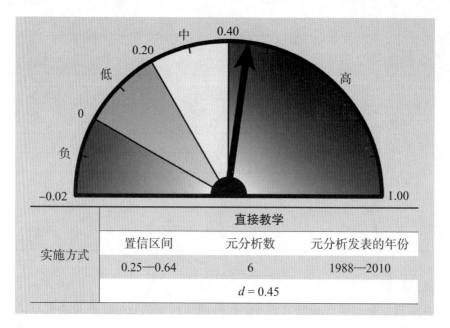

图 6.5　直接教学

合作学习

在可见的学习中，"合作学习"是指与同伴一起学习，"竞争学习"是指在与同伴的竞争中学习，而"个体学习"是指学生独立学习。19 项元分析的数据库是很大的。0.47 的效应量高于平均水平，结果一目了然（见图 6.6）：就学生成绩而言，合作学习绝对优于其他两种形式（"合作学习 vs. 个体学习"的效应量为 0.62，"合作学习 vs. 竞争学习"的效应量为 0.58）。许多人认为这证明了开放式课堂教学比封闭式课堂教学更成功。然而，这是另一种误解，当我们回顾之前关于直接教学的思考时，有一点就变得清晰起来了：合作学习不同于开放式课堂教学，因为它可以在许多形式的课堂结构中使用——当学生清晰地知道目标、内容、方法、媒介、空间和时间时，它会特别有效——而在此之前，教师也同样清楚这些东西。

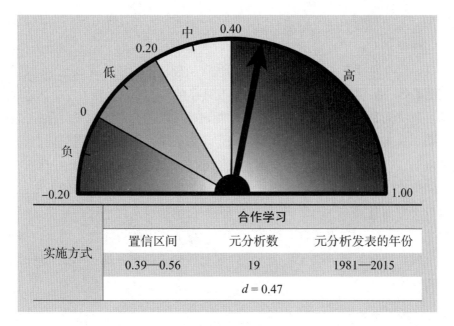

图 6.6　合作学习

　　有效的合作学习的先决条件是：学生知道任务是什么、他们需要做什么，以及在合作学习的每个阶段他们必须学习什么。这强调的是学习小组以一种独特的方式影响个人表现。另一个重要的结论是，研究表明，随着学生年龄的增长，合作学习的效应量也会增加。这跟为什么年龄越大的学生做家庭作业越有效一样，两者都可以用相同的原因去解释：合作学习必须被学习。任何在小学教过书的人都知道小学生很难集中注意力、举手回答和静坐，更不用说一起学习了。这并不意味着小学阶段的合作学习毫无意义。恰恰相反，我们可以在小学阶段为此后合作学习的成功打下基础。顺便说一句，每一种方法都是这样：学生对一种方法的理解越深入，就越能从中受益。

基于问题的学习

　　"基于问题的学习"是一种使用问题来呈现学习材料的方法，它起源于更注重学生的教学传统。它的效果平平，效应量只有 0.33（见图 6.7）。但其效果低于预期的一个主要原因是，基于问题的学习往往被引入得太早——在学生掌握足够的内容知识去进行问题思考之前。元分析表明，如果在学习过程的正确时间实施，基于问题的学习确实可以对学生的表现产生巨大的影响。正确的时机不是当学生还在表层理解的阶段（即学习内容和概念）时，基于问题的学习这时候甚至会有负面影响，但一旦学生到达深层理解的阶段，那么基于问题的学习就更有效。换句话说，基于问题的学习只有在学生已经掌握了完成概念联系、迁移和解决问题水平上的任务所必需的知识基础时才会产生效果。此外，它要求教师不仅要有能力，能在一开始就确定学生的学习水平，然后给他们设置适当的问题，还要有正确的心智框架，能引导学习者进入深层理解的阶段，并激励他们解决问题。从教学的角度来看，关注问题无疑是一种特殊的方法，因为它对以下方面有根本性的影响：建立一种积极的错误文化，这是反馈过程中很有价值的一部分；学生的自我调节；将课堂分成小组的可能性。因此，基于问题的学习是否有效要取决于几个方面，它是教师可以在证据基础上实施的众多方法之一。

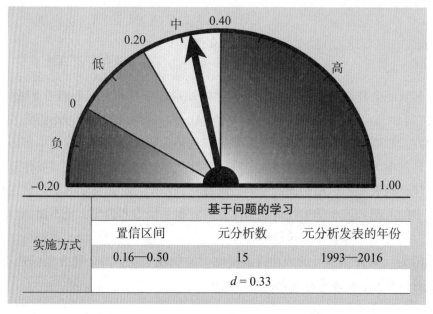

实施方式	基于问题的学习		
	置信区间	元分析数	元分析发表的年份
	0.16—0.50	15	1993—2016
	$d = 0.33$		

图 6.7　基于问题的学习

手机

当今最有影响力的大众媒介无疑是智能手机。几乎每个青少年都有一个手机，我们越来越常在更小的孩子手中看到它们。将智能手机用于教学目的的想法似乎是合乎逻辑的，而且近年来越来越多的教育研究也都提及此想法。"可见的学习"项目在过去的十年中，总共评估了4项关于这个想法的元分析。虽然最初的研究强调将智能手机整合到教学中具有一定合理的可能性，但为这一因素计算出的效应量为0.39，仍然略低于0.40（见图6.8）。智能手机提供了成功学习的机会，因为它们可能被用来获取额外的信息，这对随后的教学互动很有帮助。它们可能被用来记录家庭作业，并向其他学生或教师询问有关他们学习或工作的问题（与在课堂上举手相比，许多学生更倾向于通过社交媒体提问和寻求帮助）。

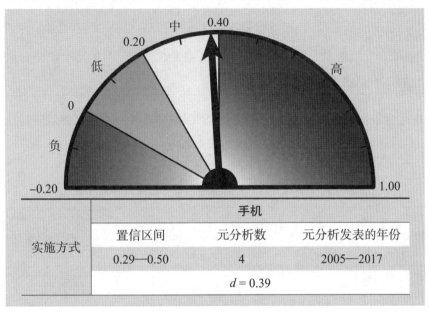

实施方式	手机		
	置信区间	元分析数	元分析发表的年份
	0.29—0.50	4	2005—2017
	$d = 0.39$		

图 6.8 手机

一个例子是获得反馈，无论是作为课程的形成性反馈，还是作为学生学业成就的总结性反馈（参见 www.visiblefeedback.com；Zierer & Wiesniewski, 2018）。教师可以轻松地接收此反馈并在下一次课程中实施。然而，尽管有这些可能性，指出智能手机在课堂上的局限性也很重要，埃德里安·F.沃德及其同事（Adrian F. Ward et al., 2017）的"大脑损耗"研究对此进行了讨论。智能手机会导致注意力资源的流失，从而导致表现的下滑。只有当学生无法接触到智能手机时，注意力和表现才会提高。智能手机不仅会促进学习，也会阻碍学习。因此，智能手机的使用应该是媒体教育的一个中心话题。如何使用智能手机比它是否存在更重要。

总结上述对"实施方式"子领域的思考，结论很明显，所提到的因素都不会自动起作用。因此，很重要的一点是，教师要利用课堂知识和学生最初的学习情况，来决定在哪个时间点，对哪名学生，就哪个学习目标，采取什么措施。然后他们可以不断地反思和检查这个措施。

> **核心信息**
>
> "实施方式"这个子领域不会自动发挥作用。只有当教师有能力和态度，在相关情境下选择合适的方法，检查学生是否自信与欣赏，乐于对话与沟通，勇于挑战和受到激励，并且能够促进一种错误被视为学习机会的积极文化时，这些因素才能够起效。

在此背景下，再看看表 6.3 中所选择的因素并思考：所确定的效应量在多大程度上与我们构建的核心信息相符（见表 6.4）？

表 6.4 "实施方式"子领域中的部分因素及其效应量

因素	负 $d < 0$	低 $0 < d < 0.20$	中 $0.20 < d < 0.40$	高 $d > 0.40$
点击器		0.17		
合作 / 协同教学	0.07			
竞争学习 vs. 个体学习			0.27	
合作学习				0.47
合作学习 vs. 竞争学习				0.58
合作学习 vs. 个体学习				0.62
直接教学				0.45
发现式教学			0.27	
家庭作业			0.32	
归纳教学				0.58
探究式教学				0.41
拼图法				1.20
手机			0.39	
一对一的笔记本电脑		0.16		
基于问题的学习			0.33	
使用演示文稿			0.26	

最后是"学习策略"子领域。

"学习策略"子领域的定义

"学习策略"子领域包括所有可以从学生的角度实施的旨在使学习成功最大化的因素。

请根据表 6.5 所示的因素思考：根据我的经验，这些因素的效果如何？

表 6.5 "学习策略"子领域中的部分因素

因素	负 $d < 0$	低 $0 < d < 0.20$	中 $0.20 < d < 0.40$	高 $d > 0.40$
刻意练习				
精细化与组织				
评价和反思				
寻求帮助				
使用图像				
个性化教学				
交叉练习				
学习风格匹配				
元认知策略				
概述和转述				
出声思考 / 自我提问				
分散练习 vs. 集中练习				
策略监控				
结合先前知识的策略				
以学生为中心的教学				
学生掌控学习				
学习技巧				
总结				

刻意练习

尽管许多学生仍然相信他们可以立即做到所有的事情，但关于教学的最古老的见解之一就是练习对成功学习至关重要。"可见的学习"基于 3 项元分析计算出了刻意练习相当大的效应量,为 0.49(见图 6.9)。然而,作为元分析中体现结果差异的置信区间令人惊讶:并非所有练习都有相同的效果。从这个意义上说,数据已经表明,不是每一种练习都是成功的,它必须是**刻意练习**。刻意练习有三个特征:首先,刻意练习是具有挑战性的。它从学生的知识水平开始,并设置与之匹配的难度,使学生刚好能够完成任务。其次,刻意练习是丰富多变的。它与"操练"或枯燥的练习无关,后者单调地重复相同的内容,缺乏思考。在难度较低的时候,"操练"可能是有帮助的,但更深层次的理解需要丰富多变的任务和更高层次的兴趣水平。最后,刻意练习是定时进行的。尽管对于多长时间练习一次一项任务才能使其永久地储存在我们的长期记忆中并可供回忆,人们有不同的观点,但有一个共识是,重复很重要,分散练习比集中练习更有效(比如,留出时间来进行刻意练习,而不是一次性的死记硬背)。练习需要学生的专注、努力和耐力,也需要教师的技巧,以使练习变得有趣和有价值。

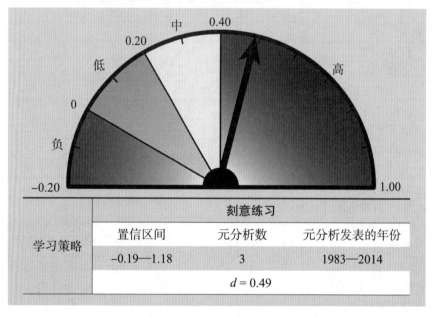

学习策略	刻意练习		
	置信区间	元分析数	元分析发表的年份
	-0.19—1.18	3	1983—2014
	$d = 0.49$		

图 6.9　刻意练习

刻意练习的力量在体育和音乐领域是众所周知的,所以在课堂教学中更不应该被忽视。教师有一个基本的责任,就是促进有挑战性的、丰富多变的、定时进行的刻意练习。如果他们能做到这一点，那么他们将收到一系列反馈。例如，教师会从学生那里得到他们已经理解哪些知识和还没有理解哪些知识的信息，学生会从教师那里得到补充解释形式的帮助。

学习风格匹配

我们经常在学生的研究论文中看到，也偶尔会在文献中读到这样一个主张，即学生能够记住他们读过的 10%、听到的 20%、看到的 30%、同时看到和听到的 50%、所展示的 70%，以及所做的 90% 的内容（见图 6.10）。这些数字乍一看似乎是合理的，但它们没有实证研究的基础：没有一项研究为该观点提供证据。如果我们仔细地分析一下，就不得不承认，一项研究能够产生如此明确的证据是不可想象的。一个很直接的反对意见是，这也必然取决于学生读到了什么、听到了什么、看到了什么、同时听到和看到了什么、展示了什么和做了什么，我们的确应该对上述主张持怀疑态度。

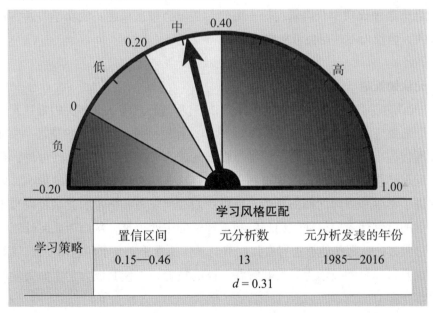

学习策略	学习风格匹配		
	置信区间	元分析数	元分析发表的年份
	0.15—0.46	13	1985—2016
	$d = 0.31$		

图 6.10 学习风格匹配

尽管如此，在实证教育研究中存在（或曾经存在）一个悠久的传统，即试图制造这些或类似的关于学习风格的数据。通过文献回顾，人们可能会说，学习革命的诱惑或赚大钱的前景显然都太大或太吸引人了。

经常有争论说，我们应该了解学生喜欢的学习风格，并使教学与之匹配。在《可见的学习》的初始版本中，这些方法的效应量为 0.3—0.4，但对一些元研究的进一步分析表明，它们是错误的，不能被采用。因此，在下一个版本中，其效应量下降到接近于 0——没有证据支持学习风格匹配。把学生按学习风格分类是没有道理的，事实上，我们应该做相反的事情，即为学生提供多种学习策略；教他们何时使用特定的策略；如果一种策略不起作用，如何尝试另一种策略；要明白学生可以有多种学习方式——我们作为教师应该用不同的方式来教学生，但我们永远不应该把学生划分成不同的风格。

如果我们希望从这一研究传统中获得一个整体信息，我们可能会说：学习如果是有效的，它就必须是愉快的和具有挑战性的，让学习愉快的最好方法不是确保满足特定条件，而是设计一个学习情境，以学生的先前知识和经验为主线，联系他们现有的思维，从而向他们提出挑战。简而言之，当我们学习时，我们会从这种成功中获得乐趣——因此，学习会带来乐趣。成功学习通常伴随着投入，但投入不一定会带来成功学习。

元认知策略

"元认知"这一术语是指对自己的思维过程进行思考，其相关因素"元认知策略"的效应量为 0.52（见图 6.11）。然而，比这一排名更重要的是这一领域的研究所传递出的信息：对自己的学习提出问题，尝试让学习对自己可见，用错误来反思结构和自我行为的连贯性——所有这些都对学习有很大的影响，因为它促进了学生和教师之间的对话。反思我们如何思考和学习的尝试可以带来对教与学的批判性考察，使人们理解和不理解的东西可见，从而为如何计划下一堂课指明方向。那些能够进行自我调节的学生非常善于寻求和利用反馈。因此，一个主要目标是教授学生寻找和解释反馈的技能，以使其成为学生如何学习的必要部分。

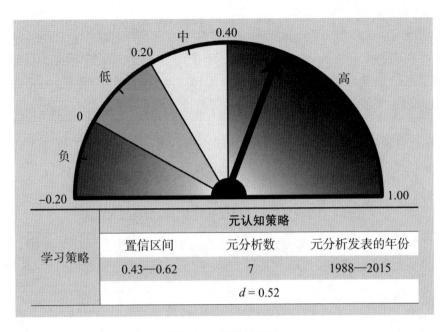

元认知策略			
	置信区间	元分析数	元分析发表的年份
学习策略	0.43—0.62	7	1988—2015
		$d = 0.52$	

图 6.11　元认知策略

如果我们总结上述对"学习策略"子领域的思考，就会发现一个在"可见的学习"中反复出现的"配方"（见图 6.12）。

成功学习不仅仅是教师的事，它在很大程度上也取决于学生，尤其是他们如何在教师的支持下，把学习掌握在自己手中。

图 6.12　可见的学习"配方"

核心信息

"学习策略"本身并不能起作用。只有学生具备为自己选择合适方法的能力和态度，并检查自己是否能用这些方法有效地控制自己的学习，这一因素才能起效。要使学生做到这些事情，教师的指导是必要的。

在此背景下，再看看表 6.5 中所选择的因素并思考：所确定的效应量在多大程度上与我们构建的核心信息相符（见表 6.6）？

表 6.6 "学习策略"子领域中的部分因素及其效应量

因素	负 $d < 0$	低 $0 < d < 0.20$	中 $0.20 < d < 0.40$	高 $d > 0.40$
刻意练习				0.49
精细化与组织				0.75
评价和反思				0.75
寻求帮助				0.66
使用图像				0.45
个性化教学			0.23	
交叉练习			0.21	
学习风格匹配			0.31	
元认知策略				0.52
概述和转述				0.75
出声思考 / 自我提问				0.62
分散练习 vs. 集中练习				0.48
策略监控				0.54
结合先前知识的策略				0.93
以学生为中心的教学			0.35	
学生掌控学习		0.02		
学习技巧				0.46
总结				0.90

我们可以从"教学"领域中得到哪些核心信息？这与教师有什么关系？课堂的成功在很大程度上取决于教师的能力，首要的是取决于他们恰当而清晰地定义目标的能力。如果做到了这一点，那么几乎任何方法都可以成功。从这一点来看，开放教学的支持者和封闭教学的支持者之间的方法之争并不是决定性

的话题。更重要的问题是：这些方法对学校表现的有效性如何？如何证明这种有效性？这些问题只能由学生来回答。因此，反馈是可见的学习和成功教学的关键因素。如果一种方法不起作用，学生学不到任何东西，我们就必须使用另一种方法，并弄清楚这与所教的内容的关系。将过错归咎于学生的借口与教育的专业化是格格不入的。同样，因为赶潮流而主张某种方法或媒介也不是专业化的标志。教师的一切专业决策的出发点和目标都是学生。这也表明，教师需要掌握一系列的方法，他们必须能够以反思和基于证据的方式使用这些方法。

在这种背景下，可以得出以下关于教师的结论。

核心信息

　　"教学策略""实施方式"和"学习策略"三个子领域对学生学业成就的影响是显著的。这很大程度上取决于教师。首先，教师需要采用一系列的方法；其次，他们必须有能力检验这些方法的有效性。总之，基于证据的方法的多样性取代了传统的方法之争。此外，教师要促进一种将错误视为学习机会的积极文化。

综合对"教学"领域的因素的思考，精髓如下。

核心信息

　　"教学"领域的因素会很有帮助，如果它们：
- 考虑最初的学习情境；
- 有挑战性；
- 有助于自我调节；
- 建立信任；
- 使错误可见；
- 引发对学生学习过程的讨论。

总　　结

在"教学策略""实施方式"和"学习策略"这三个子领域中，什么是重要的？

"教学"的子领域是"教学策略""实施方式"和"学习策略"。它们包括如下因素：首先，从教师的角度控制和优化教学的因素（例如，"目标"这个因素）；其次，使学生和教师之间的互动变得有效的因素（例如，"反馈"这个因素）；最后，展现学生能够有效自我控制和自我调节的因素（例如，"元认知策略"这个因素）。

反馈对学生的学业成就有什么影响？

反馈是一个关键因素，不仅因为它对学生的学业成就有深远影响，还因为它与许多其他因素有关：直接教学、师生关系、对教学过程的评价（形成性评价）等等。成功反馈的决定性因素是它指向任务、过程和自我调节等层面，并且回答了三个问题：你要去哪里？你的进展如何？你下一步去哪里？这样的反馈对学生和教师都很重要。

目标对学生的学业成就有什么影响？

目标是成功学习的关键。它们必须以这样一种方式来制定，即设置挑战，并使这些挑战可见。

教师提供形成性评价对学生的学业成就有什么影响？

对教学过程的评价是一种特殊的反馈。它不仅对学生很重要，而且对教师也很重要，因此，它对学校表现有巨大的影响。最后，它提供了使学习可见和课程规划的信息。

直接教学对学生的学业成就有什么影响？

直接教学对学生的学业成就有很大的影响。它不应该被混淆或等同于讲授式教学。相反，直接教学的特征是学生和教师都清晰地知道目标、内容、方法和媒介。

合作学习对学生的学业成就有什么影响？

相对于个体学习和竞争学习，合作学习对学生的学业成就有更深远的影响。它与直接教学结合使用时特别有效。

基于问题的学习对学生的学业成就有什么影响？

基于问题的学习对于成功学习是非常重要的。运用这种教学方法的时机是决定性的：如果在学习过程中太早使用它，就会揠苗助长。

手机对学生的学业成就有什么影响？

手机是数字媒介的一个很好的例子。研究表明手机本身并没有积极的效果，但它们总是会带来机会和风险。学校环境下的学习尤其如此。

刻意练习对学生的学业成就有什么影响？

刻意练习是成功学习的关键。它的特征是丰富多变、有挑战性和定时进行。

学习风格匹配对学生的学业成就有什么影响？

学习风格的问题在实证研究中是有争议的，使学习与风格相匹配似乎不是很有效。

元认知策略对学生的学业成就有什么影响？

元认知策略对学业成就有很大的影响。它所强调的核心信息是，教学必须让学生逐步成为自己的老师。

关于"教学"这一领域，我们可以从中推断出什么核心信息？

"教学"领域的因素是否起作用，在某种程度上取决于教师的专业性：教师在多大程度上成功地在相关背景下选择了合适的方法，教师是否使学习变得充满信任、欣赏、对话与沟通，以及具有挑战性和激励性，并且促进了一种将错误视为学习机会的积极文化，除了足够的能力，合适的态度也是必要的——教师的心智框架很重要。

参考文献

Mager, R. (1997). *Preparing instructional objectives: A critical tool in the effective performance.* London: Kogan Page.

Martin, A. J. (2012). The role of personal best (PB) goals in the achievement and behavioral engagement of students with ADHD and students without ADHD. *Contemporary Educational Psychology, 37*(2), 91–105.

Martin, A. J., Collie, R. J., Mok, M., & McInerney, D. M. (2016). Personal best (PB) goal structure, individual PB goals, engagement, and achievement: A study of Chinese- and English-speaking background students in Australian schools. *British Journal of Educational Psychology, 86*(1), 75–91.

Ward, A. F., Duke, K., Gneezy, A., & Bos, M. W (2017). Brain drain:The mere presence of one's own smartphone reduces available cognitive *capacity. Journal of the Association for Consumer Research, 2*(2), 140–154.

Zierer, K., & Wisniewski, B. (2018). *Using student feedback for successful teaching.* Abingdon, Oxon: Routledge.

第七章　什么真正重要：教师和他们的热忱

反思性任务

回顾过去，想想哪些老师对你的影响最大？到底是什么让他们如此不同？他们是如何教学的？他们能把事情解释得很清楚吗？他们是否知识渊博？他们能否与你和你的同学建立关系？或者以上因素皆有？

目标与内容

在本章中，我们将更仔细地考察"教师"这个领域。我们将呈现和讨论一些因素示例来提取这个领域的核心信息。当你读完本章时，你应该能够回答以下问题：

- ■ 在"教师"领域中，什么是重要的？
- ■ 教师的学科知识对学生的学业成就有什么影响？
- ■ 专业发展对学生的学业成就有什么影响？
- ■ 师生关系对学生的学业成就有什么影响？
- ■ 教师清晰度对学生的学业成就有什么影响？
- ■ 关于教师，我们可以从中推断出什么核心信息？

"学生""家庭""学校""班级""教学"等领域的核心信息都强调了教师的作用。从这一点来看，问题就升级为：成功的教师有哪些与众不同的地方？对"教师"领域的深入分析可以提供关于这个问题的信息。

"教师"领域的定义

"教师"领域包括能分析教师在学科、教学和教育方面的能力和态度的所有因素。

请根据表 7.1 所示的因素思考：根据我的经验，这些因素的效果如何？

表 7.1 "教师"领域中的部分因素

因素	负 $d < 0$	低 $0 < d < 0.20$	中 $0.20 < d < 0.40$	高 $d > 0.40$
微格教学				
专业发展				
学生评教				
教师清晰度				
教师可信度				
教师教育				
教师效应				
教师预估的学业成就				
教师期望				
教师绩效工资				
教师个性				
教师学科知识				
教师语言能力				
师生关系				
教师不给学生贴标签				
教师的沟通技巧与策略				

有趣的是，与"家庭"领域一样，"教师"是研究最少的领域之一，但同时也是最有影响力的领域之一。它包含 16 个因素，其中有 10 个因素的效应量大

于 0.40。下文将解释"教师学科知识""专业发展""师生关系""教师清晰度"等因素。它们有助于阐明这个领域的核心信息。第一个是"教师学科知识"，其 0.10 的低效应量是其成为经常被讨论的话题的主要原因之一。

教师学科知识

"教师学科知识"一词在全国范围内以及全球范围内被广泛使用。根据"可见的学习"，它的效应量很小，只有 0.10（见图 7.1）。

在分析关键数据时，我们注意到 3 项元分析（1983 年、2003 年和 2007 年）的置信区间很小。这很有趣，因为很多人都声称学科知识很重要，但这些言论并未建立在大量研究的基础上。因此，我们如何解读这一因素？如何化解这一矛盾？一个有用的原则是根据李·舒尔曼（Lee S. Shulman，1986）的观点进行分类。他将教师的能力划分为至少三个领域：第一是学科知识，第二是教育能力，第三是教学能力。学科知识主要描述的是教师在处理教学内容方面的学科专长和相关能力，而其他两个能力领域是非学科方面的。这三个领域都在元分析中被引用，但是每个能力领域的效应量都很低。

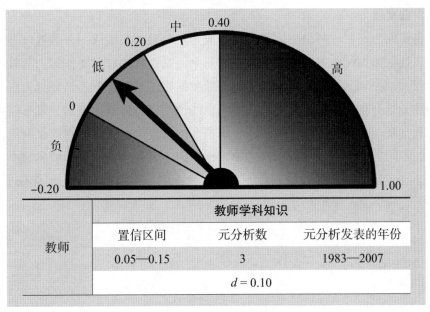

图 7.1　教师学科知识

教育能力主要是指教师能与学生建立联系和师生关系，以及营造安全和信任的氛围的能力。教学能力主要描述的是教师以易于理解的方式准备内容、清楚地解释事实、指出基本目标，以及更具体地说——能够准备清晰和有用的板书和工作表的能力。如果我们从这种教师能力区分出发，"可见的学习"的结果就是有道理的：我们都认识拥有大量知识但无法将知识传授下去的人，因为他们无法清楚地表达自己，没办法做到深入浅出，等等。结果很明显，学科知识本身并不能提高学生的成绩。它必须与教育和教学能力相结合。

重要的一点是，这不是一个非此即彼的问题，也不是一个或多或少的问题。重要的是学科内容知识与教育和教学能力的结合。在这个三位一体中，学科知识当然占据了突出的位置——但仅在这个三位一体中。与其他能力相隔，仅仅学科知识本身不会产生任何影响。如果我们在这种背景下反思大学的第一阶段教师教育，就会明显发现以下不足：学科内容、教学法和教学技巧都没有得到适当的教授，更不用说它们之间的交互，难怪"教师教育"因素，即大学阶段的教师初步培训，只有 0.12 的效应量。

专业发展

将要成为一名教师是一回事，已经成为一名教师和继续当一名教师是另一回事。这就是为什么教师的专业发展在每个国家都发挥着重要作用。其效应量相对较大，为 0.49，这一结果基于可靠的数据库（见图 7.2）。从元分析中收集到的细节很有趣，并且较大的置信区间也能说明这些细节。例如，带有随后讨论的教学观察是最有效的，而讲课、模拟和准备教学材料则没有那么有用。此外，由不同类型学校的教师组成的小组比由同一类型学校的教师组成的小组要好。总之，这是一个重要的领域，可以为教师专业生活的各个方面提供支持，并对学生的学业成就产生持久的影响。

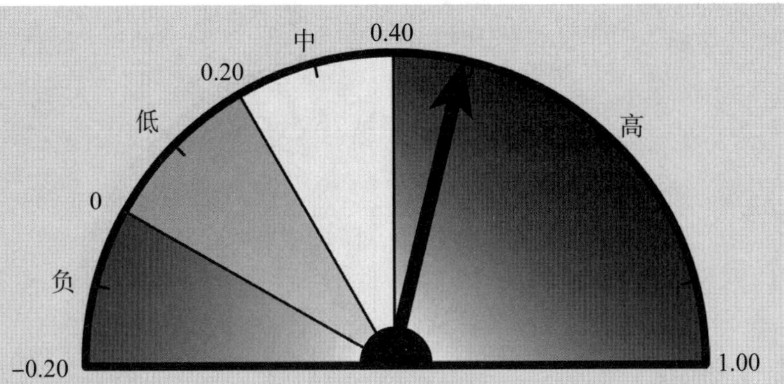

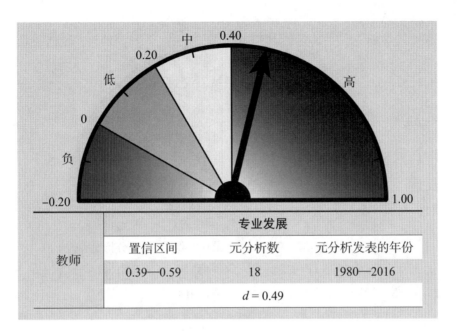

	专业发展		
教师	置信区间	元分析数	元分析发表的年份
	0.39—0.59	18	1980—2016
	$d = 0.49$		

图 7.2 专业发展

师生关系

我们已经谈过“师生关系”这个因素：课堂教学在本质上包含了学生和教师之间的对话结构，他们在课堂内容上相会。师生关系在这个相会中至关重要。因此，师生关系的效应量大到 0.63（见图 7.3）也就不足为奇了。有一点仍然是不容置疑的：信任与有信心的、安全的、关怀的和友好的氛围在总体上对教育，尤其是学生的学业成就来说是不可或缺的。在这样的氛围中，错误不会被视为缺陷，而会被视为在“可见的学习”和成功教学的道路上迈出的重要一步。这正是 2007 年的一项元分析所提供的结果，并被《可见的学习》引用。这项元分析的结果是，“以学生为中心”和“充满热忱”的教师是最成功的。这样的教师更关心学生的知识和能力，而不是他们自己的知识和能力。学生成为教学的起点和终点。学生的成功变成了教师的成功。教师的主要态度是，课堂教学是一个互动的过程，双方都需要对方。学习失败并不能（单单）归咎于学生，而应被视为共同的失败，这同时也提供了再次尝试和继续尝试的必要性和机会。

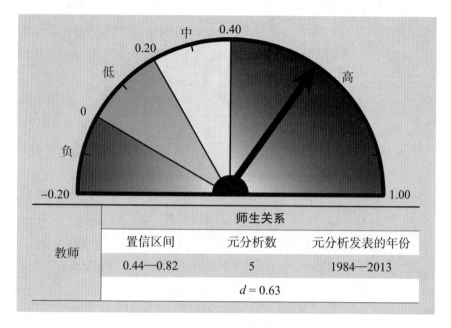

师生关系		
置信区间	元分析数	元分析发表的年份
0.44—0.82	5	1984—2013
$d = 0.63$		

教师

图 7.3　师生关系

教师清晰度

虽然这个因素在可理解性和可推广性方面完全没有问题，但在数据的分析上会表现出一些问题。《可见的学习》的初稿只找到了 1 项元分析（自 1990 年以来），但今天的数据库更广泛，包含至少 3 项元分析（见图 7.4）。结果很明确，且支持了教师清晰度的重要性：它是最有影响力的因素之一。

如果我们进一步精读关于这一因素的文献，核心信息就变得清晰起来：杰尔·布罗菲（Jere Brophy，1999）、安德烈亚斯·赫尔姆克（Andreas Helmke，2010）和希尔伯特·迈尔（Hilbert Meyer，2013）指出，成功的学习取决于教师在目标、内容、方法和媒介上的清晰度。

教师清晰度是指教师对目标、内容、方法和媒介的深思熟虑和分享。例如，教师只看了一眼课程就觉得自己对目标很笃定，这是不行的。这可能对手头的情况有所帮助，但还不够。课程只列出笼统的目标，但这些目标必须转换到课堂情境中并加以详细说明。关键在于要知道对于当前的这些学生来说，成功是什么样子的。我们必须记住，要根据学生的技能水平来定义不同的目标。如果我们回顾前面解释过的"皮亚杰项目"因素，我们会看到学生至少有三个技能水平：新手、学者和专家。一旦教师明确了自己的目标、内容、方法和媒介，他们就能把这种清晰的思想带到课堂上。

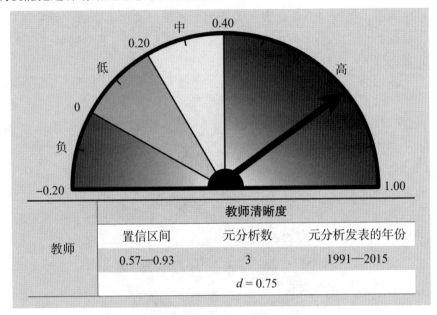

图 7.4　教师清晰度

我们可以从中为教师推断出什么核心信息？教师决定了学习的成败。课堂是学习的场所，而不是结构或系统的场所。促进所有学生的学习是教师的首要工作。要做到这一点，教师必须对他们的学生在课程结束时应该能够做什么有清晰的想法，并能够以目标的形式表达这种想法。教师必须以一种学生能够将先前知识和经验与内容联系起来的方式向学生呈现内容，而且教师必须能够与学生建立深厚的关系。热忱是必要的——不仅是对学科的热忱，而且是对学生的热忱，以及对想要分享这种热忱的教师职业的热忱。我们想再次强调，成功的教师具有学科主题知识、教育能力和教学能力。这些能力之间联系得越好，教师对学生的影响就越大。

但这还不是全部。最终，如果没有以学生和他们的教育为中心的心智框架的支持，学科、教育和教学中的所有知识和能力都是没有用处的。因此，教师如何思考，即他们的心智框架至关重要。心智框架表现在教师如何思考他们所做的事情上：错误在学习过程中有多重要？它们是要避免的事情吗？或者它们是学习的一部分，甚至是必要的和受欢迎的吗？为什么要问学生他们对课程的看法吗？是因为来自学生的反馈是他们自身教学发展的引擎吗？这些或类似的问题旨在阐明，当教师专业化表现为能力和态度的共生关系时，意味着什么。从这一视角来看，重要的不仅是教师的知识和能力，而且是教师的意愿和判断力（见图 7.5）。

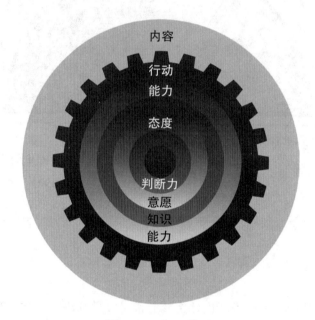

图 7.5　ACAC 模型

在此背景下，再看看表 7.1 中所选择的因素并思考：所确定的效应量在多大程度上与我们构建的核心信息相符（见表 7.2）？

表 7.2　"教师"领域中的部分因素及其效应量

因素	负 $d < 0$	低 $0 < d < 0.20$	中 $0.20 < d < 0.40$	高 $d > 0.40$
微格教学				1.01
专业发展				0.49
学生评教				0.49
教师清晰度				0.75
教师可信度				0.90
教师教育		0.12		

续表

因素	负 $d < 0$	低 $0 < d < 0.20$	中 $0.20 < d < 0.40$	高 $d > 0.40$
教师效应			0.32	
教师预估的学业成就				1.42
教师期望				0.57
教师绩效工资	0.05			
教师个性			0.26	
教师学科知识		0.10		
教师语言能力			0.22	
师生关系				0.63
教师不给学生贴标签				0.61
教师的沟通技巧与策略				0.43

核心信息

　　教师对学生成绩的影响是巨大的。它主要取决于学科知识、教育能力和教学能力之间的相互作用以及由此产生的教师对待学生的热忱。能力和态度很重要。教师的心智框架是教育专长的核心。

　　如果我们看一下本章讨论的因素所传达的核心信息，并试图把它们放在一起分析，我们就可以得到如下结论：教师们如何看待他们的工作很重要。有必要对这一说法做两点评论。首先，强调的是"教师们"。我们需要的不是孤独的战士，而是教师和所有参与教育过程的人之间的合作。教学需要成为一个分享的专业——我们的同事应该成为我们的思维和我们的期望的批评者，并帮助我们看到我们对学生的影响。其次，不是每名教师都能自动成功。相反，教师必须具有特殊的素质。我们将在第八章中重新回到这两个方面，以进一步完善核心信息。

总　　结

在"教师"领域中，什么是重要的？

　　"教师"领域描述的是教师的素质和特征，其中包括"教师清晰度""师生关系""教师学科知识"等重要因素。

教师的学科知识对学生的学业成就有什么影响?

教师的学科知识本身对学生的成绩几乎没有影响。只有与教育能力和教学能力相结合时,它才能变得有效并成为一个核心指标。

专业发展对学生的学业成就有什么影响?

专业发展对学生的学业成就有深远的影响。然而,并非所有类型的专业发展都是如此。培训的质量至关重要。

师生关系对学生的学业成就有什么影响?

师生关系对学生的学业成就有很大的影响。如果没有以信任为基础,学习和教学几乎是不可能的。

教师清晰度对学生的学业成就有什么影响?

教师清晰度对学生的学业成就有巨大的影响,因为它保证了教师知道成功的学习是什么样的,并能据此进行下去。仅仅知道课程目标是不够的。更重要的是要根据学生的能力确定出不同的要求层次。

关于教师,我们可以从中推断出什么核心信息?

教师是学生学业成就最重要的影响因素之一。只有学科知识是不够的,它必须与教育能力和教学能力相伴而行。最后,教师需要借助正确的心智框架,将知识、能力、意愿和判断力带入学校和日常教学中。因此,教师对学科、学生和教师职业的热忱是至关重要的。

参考文献

Brophy, J. E. (1999) . *Teaching* (pp. 8-9). New York: International Academy of Education and the International Bureau of Education.

Helmke, A. (2010). *Unterrichtsqualität und Lehrerprofessionalität: Diagnose, Evaluation und Verbesserung des Unterrichts*. Stuttgart: Klett.

Meyer, H. L. (2013). *Was ist guter Unterricht?* (9th ed.). Berlin: Cornelsen Scriptor.

Shulman, L. S. (1986). Those who understand: Knowledge growth in teaching. *Educational Researcher, 15*(2), 4-14.

第八章　标志在哪里：一个总结

反思性任务

反思你对"学生""家庭""学校""班级""课程""教师""教学策略""实施方式"和"学习策略"这九个领域的理解。它们在多大程度上改变了你对学校和教学的态度：什么是已知的，什么是新兴的？这会如何影响你作为教师的角色？

目标与内容

在本章中，我们将比较这九个领域的影响。因此，我们将再次关注教师及其在课堂上的角色。当你读完本章时，你应该能够回答以下问题：

- ■　相较而言，"学生""家庭""学校""课程""教师"和"教学"这六个领域对学生的学业成就有什么样的影响？
- ■　这对教师在课堂中的角色意味着什么？
- ■　什么构成了教师的教育专长？

如果我们取九个领域的平均效应量并相互比较，那么我们可以创建如图 8.1 所示的饼状图。

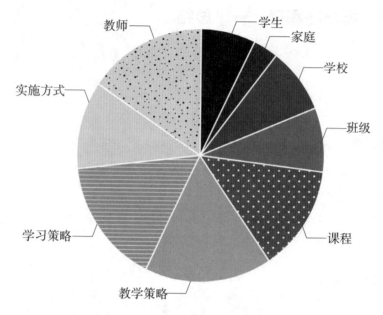

图 8.1　九个领域平均效应量的饼状图

从图 8.1 中我们可以得出两个结论。首先，所有领域都有助于提升学生的学业成就。这是至关重要的，因为这意味着责任不是落在像教师这样的少数人的肩上，而是由许多人来共同承担。其次，所有领域之间都有相互作用。因此，各层次和有关人员必须在平等的基础上开展合作，如果只关注一个领域，任何关于学校和教学的讨论都有可能面临受到限制的风险。当我们根据教师的影响来考虑各个领域时，就必须得出这个结论。

"学生"和"家庭"这两个领域都是深色的，因为它们有很大的影响，但教师却不容易进行干预。例如，父母的就业状况对学生的学业成就非常重要，但教师没有办法影响这些情况。学生的天资同样如此，教师也几乎或完全不能影响。然而，为了能够成功地教学，教师必须了解一些因素，例如先前知识和经验。

"学校""班级"和"课程"用浅色表示，因为教师对这些领域的因素有一定的影响。结构不能单独起作用，而必须由有关人员使其真正发挥作用。因此，教师对它们有一定的影响，但学校管理人员对他们的影响最大。

"教学策略""实施方式"与"学习策略"领域是淡色的，"教师"是最淡的，因为它特别依赖于教师的能力和态度。这些领域加在一起，对学生学业成就的影响最大，并可能影响所有其他领域。

在这种背景下，结构和框架条件就变得很重要，但人与人之间的互动才是决定性的。可以说，人们赋予结构以活力。一方面通过比较"学校"和"班级"领域的因素，另一方面比较"教学策略""实施方式""学习策略"（这三者可总结为"教学"领域）和"教师"领域的因素，我们将可以阐明这一观点（见表8.1）。

表8.1　"学校"和"班级"，"教学"和"教师"领域的部分因素对比

"学校"和"班级"		"教学"和"教师"	
因素	*d*	**因素**	*d*
财政	0.19	反馈	0.70
学校规模	0.43	目标	0.59
校长/学校领导者	0.28	提供形成性评价	0.53
单一性别学校	0.08	直接教学	0.45
暑假	−0.02	合作学习	0.47
能力分班	0.11	刻意练习	0.49
跳级	0.58	自评成绩	1.22
混年级/混龄班级	0.04	元认知策略	0.52
留级	−0.30	教师学科知识	0.10
开放教室 vs. 传统教室	0.02	师生关系	0.63
班级规模	0.14	教师清晰度	0.75
校历/时间表	0.09	教师可信度	0.90
总体效应	0.14	总体效应	0.61

因此，教师在学生的学业成就中起着核心作用，但并非所有教师都是如此，只有部分教师是这样的。"可见的学习"的结果引发了一场关于教师及其相关结论——主要发现清楚地指出了教育专长的重要作用——的新辩论。什么构成了教育专长？一名专业的教师不一定要拥有最丰富的学科知识，而是要能够与学生进行对话，与他们建立关系，并使用这些技能来影响他们的学习。

专业教师必须能够把他们的知识转化成学生的语言。这里我们指的是学科知识、教育能力和教学能力的相互作用。霍华德·加德纳（Howard Gardner）

和他的同事（Gardner et al., 2001）讨论了三个"E"：卓越（Excellence）、道德（Ethics）和参与（Engagement）。这三个"E"的结合构成了教育专长。从这个意义上说，一名专家型教师并不一定是一个有多年教学经验的人。专家研究的一些观点认为，要成为一名专家型教师需要十年的努力。在某些情况下，这可能是正确的，但这意味着有这么长经历的教师必然是专家吗？有多少教师已经做了20年或30年的工作，却仍然处在教学新手的水平？有多少教师在第一堂课上就证明自己已是专家了呢？鉴于这一事实，这种常见的以教师的工作年限为依据的评价方法显得非常荒谬。

造成差别的不是教龄，也不是教师在工作中花费的时间——根据这个原则：似乎花费的时间越多越好——这是在教学实践中的另一个误解，往往使新任教师感到困扰；而是教师对学生的影响，教师清晰度，对影响的概念的捍卫，是保持高期望，影响所有学生，是不仅关注学业成就，是让学生们充满了对学习的热情，创造一个让他们想要回味、参与并投入学习的课堂，以及（约翰·哈蒂在他最近的书中经常谈到的）关于学习的技能、意愿和动机。

因此，教育背景下的教育专长存在于这样的事实之中：教师的行动以关怀、控制和清晰为标志；教师的课堂教学提供挑战，令人着迷；教师倾听学生的意见，并引导学生掌握扎实的知识。例如，专家型教师提出的任务更具挑战性，要求学生应用新获得的知识，并将其迁移到先前未知的情况中；而非专家型教师往往把学生限制在只需重复新学到的知识的任务中。在这种意义上，教育专长不是教龄或工作努力方面的问题，它是关于知道如何设定适当的、具有挑战的成功标准，关于理解学生的起点在哪里，以及关于缩小学生的起点及其所要达到的成功标准之间的差距的问题。

核心信息

教师必须是教学上的专家。当教师的行动以关怀、控制和清晰为标志时；当教学提供挑战，令人着迷时；当教师倾听学生的意见，并引导学生掌握扎实的知识时，教育专长就会变得显而易见。这是我们需要尊重和投入精力的。

充满热忱的教师对学生的影响最大。比我们做什么更重要的是我们怎么做，为什么做。我们需要这样的教师，他们不把教学看作一场长篇独白，而是看作一次对话；他们不断地在学生身上寻找一些没有人知道也没有人相信的东西；

他们可以谈论他们的知识，也可以有能力谈论他们的生活；他们与同事聚在一起，与他人交流思想；他们在平等的基础上与学生打交道，知道自己需要学生，就像学生需要他们一样。因此，教师在课堂上扮演着一个特殊的角色，这个角色被"可见的学习"称为"激活者"（activator）、"评价者"（evaluator），或"变革推动者"（change agent）。这个想法的核心前提是"可见的学习"中的一个对比（见表 8.2）。

表 8.2 "激活者"和"促进者"的因素对比

教师作为激活者	d	教师作为促进者	d
反馈	0.70	游戏 / 模拟	0.33
交互式教学	0.74	归纳教学	0.58
元认知策略	0.52	探究式教学	0.41
出声思考 / 自我提问	0.62	个性化教学	0.23
直接教学	0.45	基于网络的学习	0.16
目标	0.59	学生掌控学习	0.02
教师清晰度	0.75	发现式教学	0.27
目标难度	0.60	开放教室 vs. 传统教室	0.02
总体效应	0.62	总体效应	0.25

将单一因素分成不同类别毫无疑问会受到批评，并引发反对意见。但核心信息似乎是无可争议的：一方面，成功的教师是作为"激活者"起作用的。这些教师总是关注课程的目标，反思所选的方法，并考虑学生的现实情况。另一方面，作为"促进者"的教师在工作中会遭到更多约束，并且常常不能确定学生是否学到了东西以及学到了什么。

教师作为"激活者"的决定性因素是证据。在当前的话语中，"证据"一词的使用几乎是夸大的，而且常常是模糊的。它涵盖了有实验组和对照组的严格的研究设计，反思性的自我观察，以及两者的结合。

"可见的学习"与后一种趋势（反思性的自我观察）联系更紧密，主要是因为它把实证的教师自我帮助放在中心位置。"知道你的影响力！"已经成为一个标语，意思是教师询问自己行为的影响力，并寻找这种影响的实证证据。根据"可见的学习"的结果，我们可以列出以下因素，且根据目前的数据库，它们被证明特别有效。

学生应被视为教育和课堂教学的起点——包括学生的所有优点和缺点。基于合作和接纳的师生关系（$d = 0.63$）是必不可少的，这也是成功教学和可见的学习的最重要因素之一。错误不应该被认为是一种羞耻，而应被视为通往成功教学之路的重要信息。这说明一件事：课堂教学不是一条单行道，而是学生和教师之间的深入对话。反馈（$d = 0.70$）是一个核心因素，因为它对于教学中和关于教学的交流至关重要；教师清晰度（$d = 0.75$）也是如此，因为它为教学和评估设定了标准。除此之外，毫无疑问，同伴影响（$d = 0.53$）发挥着重要作用——例如，合作学习（$d = 0.47$）优于竞争学习和个体学习。因此，如前所述的结果，直接教学（$d = 0.45$）不应该被误解为讲授式教学，而是一种根据学生能力水平的信息确定目标、内容、方法和媒介的教学风格。

> **核心信息**
>
> 教师的心智框架和基于证据的评价对最大限度地影响教学至关重要。这使教师的角色成为"激活者"。

所以，教师的思维方式才是最重要的。教师一个人并不能起到什么作用，教育过程中所有的人必须合作。当利用学生、教师、教育者、家长等之间的合作时，他们就能取得最大的成功。这也表明，教师在教育过程中确实很重要，但肯定不是唯一重要的。没有学生，任何事情都不能成功，他们的现实情况也不能被忽视。另一个需要强调的观点是，没有父母，任何事情都不能成功。从教育的角度来看，我们的国际读者可以名正言顺地主张，教育儿童和青少年的责任首先应落在父母的肩上。

> **核心信息**
>
> 学生学业成就是一个复杂的领域，需要所有层次和所有相关人员之间的合作。没有人可以单独地对所有事情负责。

综上所述，"可见的学习"显然不是把讲授式教学当作万灵药，也不认为教师无所不知、无所不能。由于教师总是认为自己也是学生，所以他们并不是孤独的战士。教师也需要反馈，而且他们在小组中工作时取得的进步最大。要知道，这是一个非常令人失望的发现，在一周的课程中，教师们会互相交谈任何事，除了教学！回到本职工作似乎是唯一的结论。

学习的语法

可见的学习最重要的结果之一是得出了以下原则：

成功学习要求

- 承诺和努力
- 合作和交流
- 弯路和偏差
- 积极的关系
- 错误
- 有挑战性，而不是压力不足或过度紧张
- 深入讨论和反馈
- 共同的学习愿景

这些学习成功的原则描述了学习的语法。没有它们，学习就不可能发生。从这个意义上说，它们是教师在计划、实施和评价课程时必须反复遵循和反思的一套规则。顺便说一句，所有结构性措施，无论构思多么巧妙，以及所有数字时代的革命性成就，都不会改变这一语法。学习的语法是人类的法则，它遵循的也是进化的变化（如果有的话），而必定不会是社会、工业或技术的变化。

鉴于这一结论，我们有必要分析一下我们筛选出的一些因素。在它们的帮助下，学习的语法可以通过一系列因素被进一步详述和阐明。从这个角度而言，这不是一个要呈现全面的分析的问题，而是一个要根据之前所做的思考提供进一步和相对有针对性的说明的问题。

"驱动力"

在"学生"和"家庭"这两个领域中，有一系列因素表明，考虑学生最初的学习情况是多么重要。同时，这些因素显示了成功学习的基础是什么，及其如何在家庭环境中实现（见表8.3）。

表8.3 属于"驱动力"的一些因素

因素	效应量
成就动机和方法	0.62
专心／毅力／参与度	0.42
深层动机和方法	0.71
皮亚杰项目	1.28
先前能力	0.82
先前成就	0.54
高中成就与大学成就的关系	0.53
自我概念	0.43
自我效能感	0.77
工作记忆	0.67
家庭环境	0.53
父母参与	0.42
总体效应	0.65

"阻力"

类似于"驱动力"因素集，"学生"和"家庭"领域中的因素不但能使学习更加困难，甚至可能阻碍学习。作为一名教师，考虑到与这个问题相关的负面效应，当它们第一次暴露出来时，立即做出回应总是明智的。因为一旦这些因素出现，就很难消除它们。预防优于干预（见表8.4）。

表8.4 属于"阻力"的一些因素

因素	效应量
焦虑	−0.37
注意力缺陷多动障碍	−0.90
抑郁	−0.35
厌学	−0.49
家庭体罚	−0.33
看电视	−0.15
总体效应	−0.43

"目标明确"

考虑到一端是教师作为"激活者"和另一端是教师作为"调节者"的这种

并列关系，从不同角度关注目标的一系列因素就成了焦点。令人惊讶的是，这些因素中的每一个都对学习成功极其重要。因此，从教师的角度来看，思考、揭示，并与学生讨论这些目标，比以往任何时候都更有价值。这为在学习过程中通过目标设置挑战创造了最佳条件（见表8.5）。

表8.5　属于"目标明确"的一些因素

因素	效应量
目标承诺	0.44
目标难度	0.60
目标意图	0.41
目标	0.59
教师清晰度	0.75
直接教学	0.45
总体效应	0.54

"常青树"

不管方法和媒介如何层出不穷，也不管对它们的研究有多丰富，都有一系列因素能够为自身正名，而与年龄、学生的表现水平、学科和学校类型无关。从这个意义上说，它们是教学方法的"常青树"！尽管这些因素都存在缺陷，但它们的潜力是巨大的，建议教师们共同运用它们，并与学生交流（见表8.6）。

表8.6　属于"常青树"的一些因素

因素	效应量
课堂讨论	0.82
认知任务分析	1.09
反馈	0.70
目标	0.59
同伴辅导	0.66
计划与预测	0.56
提供形成性评价	0.53
提问	0.46
样例	0.47
刻意练习	0.49
元认知策略	0.52

因素	效应量
记忆术	0.78
模拟测试	0.51
复述和记忆	0.57
自我调节策略	0.45
任务时间	0.50
合作学习	0.47
合作学习 vs. 竞争学习	0.58
合作学习 vs. 个体学习	0.62
直接教学	0.45
总体效应	0.60

"挑战者"

除了"常青树"中的因素，还有许多因素有很大的潜力，但这些因素需与学生的年龄和他们的表现水平相匹配。相反，为了判断这些因素是否在正确的时间被使用，首先需要回答的是与匹配相关的问题。如果匹配取得成功，这些因素会帮助你在学习过程中设定挑战。它们使学习既不太容易也不太困难（见表 8.7）。

表 8.7　属于"挑战者"的一些因素

因素	效应量
绘制概念图	0.61
学生掌控学习	0.02
录音	0.51
出声思考 / 自我提问	0.62
发现式教学	0.27
家庭作业	0.32
归纳教学	0.58
探究式教学	0.41
拼图法	1.20
基于问题的学习	0.33
手机	0.39
总体效应	0.48

"对话"

教学是人与人之间的相遇。这种哲学反思得到了令人信服的实证检验。有几个因素表明，我们需要将教学视为人与人之间的互动，视为对话。这些因素越成功，教学过程就越有效（见表8.8）。

表8.8　属于"对话"的一些因素

因素	效应量
合作学习	0.47
合作学习 vs. 竞争学习	0.58
合作学习 vs. 个人学习	0.62
直接教学	0.45
交互式视频法	0.52
拼图法	1.20
学校哲学项目	0.43
交互式教学	0.74
提问	0.46
课堂行为	0.60
班级凝聚力	0.53
同伴影响	0.53
脚手架	0.96
小组学习	0.45
总体效应	0.61

"信心建立者"

另一种哲学观点是，教学在本质上是一种关系，在这段关系上投入时间是值得的。一系列因素有力地证实了这一点。学习需要信任和自信，需要安全感，需要一种积极的错误文化。教师的能力和态度是教学成功的决定性因素（见表8.9）。

表8.9　属于"信心建立者"的一些因素

因素	效应量
学生评教	0.49
教师清晰度	0.75

续表

因素	效应量
教师可信度	0.90
教师预估的学业成就	1.42
教师期望	0.57
师生关系	0.63
教师不给学生贴标签	0.61
教师的沟通技巧和策略	0.43
总体效应	0.73

"自我调节者"

扩展到 1400 多项元分析的数据库，揭示了《可见的学习》第一版中出现的一系列因素：学生必须把自己视为自己的老师。众多因素支撑着这一观点（见表 8.10）。

奥古斯特·赫尔曼·尼迈耶（August Hermann Niemeyer）是 18 世纪德国教育科学的奠基人之一。他的教育和教学座右铭是："我不再需要你了！"在 20世纪早期，玛丽亚·蒙台梭利用类似的思想表达了她的核心观点："帮我自己做吧！"《可见的学习（教师版）》指出，"当学习不断朝向成功标准迈进时，教师需要有能力'让道'"，而学校教育的一个目标是"让学生成为他们自己的老师"。

表 8.10　属于"自我调节者"的一些因素

因素	效应量
刻意练习	0.49
努力管理	0.77
精细化与组织	0.75
评价和反思	0.75
寻求帮助	0.66
使用图像	0.45
元认知策略	0.52
记忆术	0.78
记笔记	0.41
概述和转述	0.75
录音	0.51
复述和记忆	0.57

续表

因素	效应量
自我调节策略	0.45
自评成绩	1.22
出声思考 / 自我提问	0.62
策略监控	0.54
结合先前知识的策略	0.93
学习技巧	0.46
总结	0.90
迁移策略	0.75
划线和高亮	0.50
总体效应	0.65

成功的教师以一种"激活者"的态度进入课堂，负责任地、人性化地指导他的班级。成功的教师也不会从一种"包办一切"的权威地位出发对待他们的课堂，而是通过不断地就目标、内容、方法和媒介进行交流，温和而富有共情感地引导学生走向他们的成功标准。他们与同事交流哪些方法是正确的，哪些方法是迂回的，哪些方法是错误的，他们与家长合作，并与学生一起，一步一步地接近目标——但每个学生都必须自己迈出最后的一步。

总　　结

相较而言，"学生""家庭""学校""课程""教师"和"教学"这六个领域对学生的学业成就有什么样的影响？

这六个领域中的每一个都对学习的成功有一定的影响，必须予以考虑。然而，教师仍然占据着重要地位，因为他是作为教育场所的班级里的中心角色。

这对教师在课堂中的角色意味着什么？

教师作为激活者，对学生学业成就的影响最大。他们知道目标、内容、方法和媒介，并根据学生的反馈选择它们。基于一种亲密的师生关系，他们不仅利用反馈来评价学习结果，而且评价学习过程。这使他们能够对教学习惯做出必要的改变。

什么构成了教师的教育专长?

教育专长和经验是不一样的。教育专长由学科知识、教育能力和教学能力等部分组成,此外,这些部分之间有很强的相互联系。它强调的是教师对待教学和对待学生的态度。

参考文献

Gardner, H., Csíkszentmihályi, M., & Damon,W (2001). *Good work: When excellence and ethics meet*. New York: Basic Books.

第九章　遗漏了什么：展望

反思性任务

反思到目前为止你读过的内容，问一个问题：什么是"好"学校？你能在"可见的学习"的核心信息的帮助下，就这个问题给出一个全面的回答吗？或者，你在日常教学过程中是否遭到了限制？

目标与内容

本章将讨论"可见的学习"的局限性。为此，我们将介绍肯·威尔伯（Ken Wilber）的认识论象限模型，并将其应用于教育情境。当你读完本章，你应该能够回答以下问题：

- 威尔伯强调了一个复杂现象的哪几个视角？
- 当考虑这些视角时，片面思考的风险是什么？
- "可见的学习"的局限性是什么？
- 是什么造就了一所"好"学校？

《可见的学习》已经改变了关于教与学的争论，以及我们对课堂教学的思考方式。这当然很重要，但它不会是关于教学的最后一本书，因为它也有局限性。这不是一种批评，这适用于所有的书。

为了更详细地解释这些局限性，我们将使用威尔伯的认识论象限模型。威尔伯是当今世界上作品被翻译得最多的思想家之一。他在卡尔·波普尔（Karl Popper）和尤尔根·哈贝马斯（Jürgen Habermas）的工作的基础上提出了一种理论。他的核心观点是，我们可以从四个不同的视角来看待复杂的现象，而每一个视角都很重要。因此，他认为从单一视角讨论问题是有问题的。威尔伯从本质上区分了四种方法，并根据图 9.1 所示的模型对它们进行了排布，这就是他称之为"象限模型"的原因。在将其应用于"可见的学习"之前，我们首先解释一下威尔伯的模型。

图 9.1 四大象限

威尔伯定义了一种客观的方法。它以实证方法为主导，通过测量、测试等方法获得。这个象限的一个例子是："外面在下雨。"任何人都可以很快、很容易地验证这一陈述。很明显，在客观象限的陈述主张其本身是真实的。

客观与主观的方法不同，后者主要是与需求、兴趣和感觉相关。一个例子是，对"你好吗？"这个问题的回答是："我很好。"很明显，这句话的真实性无法得到实证检验。我们不能用测量或测试来检查某人是在说真话还是在撒谎。

我们可以通过观察手势和面部表情来获取额外的信息，但最终我们不得不妥协于阐释的水平。我们只能试着去阅读和理解一个陈述的真实性，但我们永远不能完全确定我们的解释。因此，威尔伯指出，主观象限中的陈述并不声称是客观真理，而是主观真实性。

此外，威尔伯定义了一种主体间的方法。这种方法注重人与人之间的关系。价值观、规范、规则和仪式起着重要作用，影响着人们的思维方式和行为方式。它们不能由个人凭经验确定或设定。相反，它们需要辩论和对话。因此，主体间象限的陈述既不主张真理，也不主张真实性。威尔伯称其为"文化合宜"。我们可以通过想象这样一种情况来说明这一点：一个从未接触过足球的人决定在体育场观看一场足球比赛。这个人将完全不知所措，无法理解正在发生的一切。他缺乏文化知识来适应这种情况。

最后，威尔伯谈到了一种客体间的方法。这涉及系统性的联系。没有一个人是独立存在的，我们都被整合到不同的情境中——在家庭系统、经济系统、政治系统或其他组织系统中，这只是几个最重要的例子。尼古拉斯·卢曼（Niklas Luhmann）的系统理论可能与这个象限有关，根据该理论，各个系统之间有无数的张力。这些主要是由于系统在表达和运作时所使用的不同符码。政治系统主要是关于权力，经济系统是关于利润，等等。这些不同的利益会导致冲突和争论。解决这些冲突需要那些被认为是"功能合宜"的陈述。

如果我们根据象限模型来看待一个复杂的现象，就可以清楚地发现我们至少需要区分四个视角。每一个视角都很重要，且不能被另一个视角取代。威尔伯指出，因此，只从一个角度进行简略的论证，在本质上是有风险的，因为这总是会导致错误的假设和结论。

如果我们将这个象限模型应用到"是什么造就了一所'好'学校？"这个问题上——这个问题是"可见的学习"的核心所在，那么我们可以列出四个子问题，它们同时也说明了"可见的学习"的局限性。

什么是一所"有效的"学校？

当我们在教育情境下谈论测量和测试时，有效性是典型的标准。如 PISA 之类的国际比较研究，这些研究通过测量数学、科学和语言能力来比较不同国家教育系统的有效性。

这些能力也是"可见的学习"1400 多项元分析中使用的 8 万多项定量实证研究的基础。这就确立了对普遍意义上的"教育"和特殊意义上的"学业成就"

的特别关注。"可见的学习"被认为可能是当今可获得的涵盖学业成就影响因素的实证教育研究的最大来源之一。它是关于教学与学习有效性的一个名副其实的思想宝库。然而，教育和学业成就并不局限于上述能力。

在这一点上，让我们记住霍华德·加德纳的"多元智能"。除此之外，还有运动能力、社会能力、情感能力、道德能力、伦理能力等，这些能力也是教育和教学责任的一部分，但在《可见的学习》中几乎没有或从未被考虑到。从一开始，它就不断声称，学业成就只是学校教育的一个（重要的）结果。毫无疑问，其他的能力并不是没有那么重要。原因是对这些能力的定量实证研究要少得多——有一些团队正在开展这样的项目，综合与动机、有效性、特殊教育学生、高等教育、企业家精神和创造力有关的结果。他们在综合定性研究方面有着令人兴奋的新进展。这些都将为辩论增添许多内容。

什么是一所"快乐的"学校？

我们必须在另一种情境下思考选择特定能力的局限性。教育不仅是由能力组成的，学校也不局限于追求有效性。所有参与者的兴趣、愿望和需求也同样重要。作为一个孩子，"当下的"经验是必不可少的。我们可以通过观察 PISA 的赢家之一来说明这一点：中国拥有世界上最有效的教育系统之一。中国学生的数学、科学和语言能力是最好的。

这一点也不令人意外。看看中国的一些学校，学生们接受填鸭式教育。他们重视知识的广度，以考试的成功为荣。中国的这些学校的教学更像是高强度的训练。课堂上没有交流，参与的人之间没有互动，双方都缺乏激情。父母和社会大多数参与者的"合谋"造成这种填鸭式教育，但也带来了考试的成功。韧性、勇气和自我激励在一个弘扬集体主义精神的国家被认为是宝贵的品质，但其中一些人还没有为集体主义社会做好准备。这种教学方式或许能有效地从学校中挑选出雇员，在竞争激烈的社会中满足父母的需求，并带来更好的考试成绩，但它不一定会被认为是令人愉快或满足的。我们都知道，高效的时间并不总是令人满意的，令人满意的时间也并不总是被有效地利用。但是教育需要两者。关于快乐的观点通常被排除在讨论之外，这与过分强调有效性有关。最后，正如朱莉安·尼达–诺姆林（Julian Nida-Rümelin）在另一篇文章中指出的那样，这可能会导致一个"最优化陷阱"（optimization trap）。如果我们从这种视角来看待"可见的学习",我们会发现"'快乐的'学校"这个问题被放置在250多个因素之后。不过,"可见的学习"指出了这种局限性,也有很多评论的内容关注的是教学的热忱如何具有感染力,学会学习如何带来真正的乐趣,以及体验快乐和公平为什么是建立信任和关系的关键。

什么是一所"文化合宜"的学校

当我们思考教育背景下的"文化合宜"问题时,我们指的是学校里所教的教学目标和内容相关问题。这些都不能通过实证研究来确定,也不能由个人来定义。在学校里应该学什么?为什么必须通过辩论和对话来回答这一问题?每种文化都必须问自己这些问题。"教育"这个词也因此必须不断地被重新定义。今天被认为是重要的东西,明天可能就会过时了。例如,让我们想想环境教育,1986年的切尔诺贝利核灾难使环境教育变得特别紧迫;或者想想全纳的问题,这个问题目前主导了很多关于教育和教学的讨论。这些问题在40年前几乎没有什么紧迫性。在当今社会,对于学校教育的目的,我们不断地进行着激烈的争论。

因此,很明显的是,学校"文化合宜"的问题不会也不能在"可见的学习"中得到回答。但我们可以举个例子来了解它的重要性。几年前,德国西部各州花了很大的力气去追寻"文理中学",这是一类为学生进入大学做准备的学校。许多学校只做了结构上的调整,曾经需要九年时间教授的内容被压缩到八年——没有充分考虑哪些内容应该调整或删除。结果显而易见:学生不堪重负,教师也负担过重,家长更是头痛恼火。虽然在大多数情况下已经开始了改善,但还是退回到了九年制。因此,德国"文理中学"的改革可以看作"文化合宜"的学校的重要性的一个例子。

什么是一所"功能合宜"的学校

这个问题的意义最好还是用一个例子来解释。德国的"职业预科"(Hauptschule,一种低轨中学),在许多地区已经被废除了。职业预科的问题是什么?当然不是它没有效果。我们从一些研究中得知,一些职业预科学生所取得的学业成就与那些在"实科中学"(Realschule,一种高轨中学)就读的同龄人所取得的一样高，有些职业预科的学生甚至与文理中学（Gymnasium，最高轨的中学）的学生有着相同的学业成就水平。因此，无效不是问题所在。职业预科是一种"有效的"学校。问题也不在于学生不喜欢上职业预科，他们和其他类型的学校的学生一样喜欢他们的学习生活。因此，职业预科也是一种"快乐的"学校。由于学生的异质性，职业预科也是一种"文化合宜"的学校。不同的文化和家庭背景使职业预科的学生接受了许多不同形式的日常教育：跨文化教育、环境教育、媒体教育、成功暴力预防教育等。职业预科在文化合宜方面面临着相当大的挑战。但职业预科的问题主要出现在客体间的象限。例如，如果一种类型的学校不能成功地引导其毕业生进入工作领域，让他们有机会在生活中找到自己的位置，那么它就不再有任何存在的理由，因为公司宁愿雇用（不太优质的）具有实科中学或文理中学背景的学生。

一所会让年轻人失业的学校理应被废除。如上文讨论所示，职业预科主要缺乏的是"功能合宜"。像目前德国几个州所做的那样，简单地给学校重新贴上标签足以拯救这种类型的学校，这是值得怀疑的。系统性的问题不能通过改变名称来解决。它们需要系统性的解决方案。如果我们把这些想法应用于"可见的学习"，我们会发现研究并没有涉及这个问题。学校的"功能合宜"问题是一个特定文化的问题，每个国家都必须自己回答这个问题，这个问题不能通过元分析的综合来回答。

这些例子说明了威尔伯用其象限模型所表达的核心思想。复杂的现象不能只从一个视角来解决，相反，我们必须从多个视角进行论证。这同样适用于"可见的学习"，它也没有涵盖所有象限。当然，它确实为可持续教育系统的讨论带来了重要启示。尽管"可见的学习"并没有完全阐明必要的讨论，但它仍然包含了某些焦点。因此，它应该被其他方法和额外工作所补充。关于是什么造就了一所"好"学校的问题，可以通过解决"有效的"学校、"快乐的"学校、"文化合宜"的学校、"功能合宜"的学校等子问题，并将它们相互联系来回答（见图9.2）。

什么是"快乐的"学校?	什么是"有效的"学校?
什么是"文化合宜"的学校?	什么是"功能合宜"的学校?

图 9.2　四个子问题

"可见的学习"不是课堂教学的圣杯——它也从未声称过这一点，它对圣杯的追寻也还没有结束。事实上，任何这样的追寻都不应抱有很大的希望，因为它预设了课堂教学的圣杯是可以被找到的——这会带来两种错误的结论。首先，如果这是真的，那么每个人都能学会一切东西。其次，每个人都会有能力教学。这两种情况都不太可能实现。相反，"可见的学习"的解释是，我们必须放弃追求教学的圣杯，我们必须朝不同的方向出发。学习在过去、现在和将来都是艰苦的，需要承诺、挑战和犯错，需要积极的关系，需要赞赏，以及需要对进步和学习的共同愿景。同样地，教学在过去、现在和将来都是一项复杂而艰巨的活动，其成功不可能轻易地被编程。正是这些针对学习和教学的心智框架，超越了许多元分析，将"可见的学习"的核心理念带到了人们面前。

总　　结

威尔伯强调了一个复杂现象的哪几个视角?

威尔伯区分了分析现实的四种视角。第一，客观视角，这与测量和测试有关，相应地也与真理有关。第二，主观视角，这与愿望、兴趣和需求有关，因此与真实性有关。第三，主体间取向，注重仪式、价值观和规范，强调文化合宜。第四，客体间取向，采取系统的视角，关注家庭、学校、政治、经济等系统的张力。

当考虑这些视角时，片面思考的风险是什么？

如果我们只从一个视角来看待复杂的现象，就会面临忽略重要方面和使用有限论据的风险。因此，考虑所有视角并将它们相互联系起来是很重要的。

"可见的学习"的局限性是什么？

由于其元分析过程，"可见的学习"主要在客观象限以及测量和测试的范式下进行论证。这导致了讨论上的局限性。此外，它主要聚焦数学、科学和语言能力，这是另一个局限性。

是什么造就了一所"好"学校？

一所"好"的学校不能仅仅由其有效性来定义。同样重要的是，学校需要令人感到满足，能够履行其文化责任，而且从系统的角度来看，它是"功能合宜"的。显然，这些视角是相互影响的。

第十章　从何开始：实践的理念

当看到"可见的学习"的结果时，很多教师都说："没人能做到！"或者"我们被太多的事情压得喘不过气来，这些建议当然是好的，但就是可行性低。"

但其实并不是这样的。事实上，"可见的学习"的结果显示，大约一半教师已经在按照"可见的学习"的建议做了。在这个情况下，"可见的学习"仅仅提供了继续做下去的证据。它还承认，我们可以将"可见的学习"的信息传递下去，因为这些成功的教师都在同一所学校工作，有相同的课程、考试和压力，有相同的学校领导，往往有来自相似家庭的相似学生。当然，我们的目标是提升和培训更多的教师，让所有的学生每年都获得超过一年应有的成长。

那么，这些教师有什么不同之处呢？如何让每个人都获得进步呢？

声称教师做的事情不够是无济于事的。相反，我们需要问教师所做的事情是否总能产生预期的影响。"可见的学习"通过传递那些足以动摇和质疑教师自身教学活动和行为的核心信息，为教师进行这种探究提供重要的帮助。在这个背景下，最重要的核心信息是：将错误视为机会，并敢于做出改变。这包括对现有实践的反思。如果这些实践不能有效促进学生的学习，鼓励学生投入学习，那么就应该放弃。这释放了教师的潜能，并提供了变革的契机。新的并且可能更有效的实践可以得到检验、实施与确立。

下面讲述一个例子来阐明这些思考（Hattie & Zierer，2018）。

坎布里亚中学：发展学校、教学和学习的共同愿景

2015 年，一部名为《学校革命》的多集纪录片在澳大利亚各地播出。这部纪录片讲述的是一所学校的发展过程，并且登上了头条新闻。坎布里亚中学开始将自己从澳大利亚最差的学校之一转变为最好的学校之一。该学校成立于2002 年，位于距离墨尔本市中心 50 公里的最东端郊区伯威克，现在有 1000 多名学生，其中超过 25% 的学生有移民背景，来自超过 35 个国家——这是一所典

型的 21 世纪学校。2008 年，这所学校被贴上了"红色学校"（成绩低、进步慢）的标签。因此，由校长迈克尔·马斯喀特（Michael Muscat）领导的学校管理团队开始联系墨尔本大学研究生院等机构，并展开学习。在这次交流中，我们制定了许多策略和程序来帮助学校进步。不久之后，学校经历了一场变革，并最终取得了成功。这几乎都可以归功于领导团队和教师们的奉献和热情。他们运用研究成果，实施并改进，并客观地评估自己的影响。他们没有聘请顾问，我们中没有一个人踏进过学校；他们肩负着倾听、学习、解读并自己去实践的预想和使命。他们认为焦点不是问什么是最好的教学方法，而是不断地询问学生他们想要的最佳学习方式是什么。他们了解很多学生在坎布里亚中学上学的体验——这引发了革命；也就是说，教师关注他们的影响力，通过学生的眼睛来看待他们的教学。在这种考虑的背景下，教师选择了其中一种干预措施，作为把"可见的学习"落实在实践中的第一步。

经过一次深入的交流过程，教师们一致同意在课堂上借助可见的单词卡来作为成功教学的核心因素，并持续地聚焦于这一措施。这一措施的重点在于"目标"和"成功标准"等因素。当然，我们也可以说出其他一些因素（例如，后来他们采用了"反馈""挑战""我们欢迎错误"）。然而，更重要且首要的是教师们从学生的角度集中讨论成功学习和教学质量这一基本过程；次要的是同意将这一理解作为所有教学的原则。因此，课堂质量不仅对教师可见，而且最重要的是对学生可见。学校为自己设定的目标并不容易实现，但它是一个证据导向的课堂：一个不再有学生不清楚自己为什么要学习这些内容，不再有学生不知道成功标准，也不再有学生不了解所用的媒介和目的的课堂。

最终，这种交流过程和由此产生的对教学的理解为坎布里亚中学的成功提供了保障。该学校从州排名最靠后的 10% 上升到了前 20%。对有效性和效能的集体期望导致了引起的变化。我们在这个过程中以及在对上述工具的认同中看到了一条值得采取的循证路径。

所以，和你的同事、学生谈谈在这所学校学习意味着什么。定义对你有约束力并且对学生可见的教学问题。将这些问题作为课堂的核心焦点，并在课堂上反复提及。让学习可见，创设挑战，并使自我承诺、信任、适当的期望和概念性理解成为可能。

"可见的学习之轮"：成功的六个步骤

为了实现这一改变，让我们回顾一下"可见的学习"的两个核心信息。首先，教师的心智框架是"可见的学习"和成功学习的最重要因素之一。与其说我们做了什么和我们是谁，不如说我们如何思考、评估和决策。每个教师都必须在这方面下功夫。其次，考察教师行动效果的循证评估和寻找实证的证据，是不可或缺的。这不一定意味着要进行更多的测试，比如作为学校督导制度一部分的考试、PISA等。相反，它意味着高质量的解释：我可以得到哪些数据，我如何解释这些数据以就我的行动和我作为教师的角色进行评估和决策？这些都是至关重要的问题。在这方面，我们明确反对仅仅收集数据，然后将其安放在"数据坟场"上，而不用于任何进一步的目的。

以下概览可以提供更多的阅读支持，其中，我们将坎布里亚中学所遵循的模式称为"可见的学习之轮"。我们从"可见的学习"的研究结果出发，采用让教学质量标准可见的理念，开发了"可见的学习之轮"（见图10.1）。它包括以下这些对学生的学习进步和成功都特别有效的因素（Hattie & Zierer，2018）：

- "目标"或"成功标准"是最有效的因素之一，其效应量为0.59。这不仅对教师具有清晰性来说很重要，对于向学生展示他们将学习什么以及何时实现目标也至关重要。因此，目标总是与成功标准联系在一起。从学生的角度来看，这形成了"可见的学习之轮"中的问题："我今天的目标是什么？""我什么时候实现目标？"

- 缺乏动机，学习就不可能产生持久的效果。因此，"为什么它对我很重要？"这一问题提及了教学的一个关键点。如果教师能够给出令人信服的答案，并将其与学生已经学过的东西结合起来，那么学生就会更加成功。在可见的学习中，"深层动机和方法"这一因素的效应量为0.71，处于理想范围内，支持了这一说法。对于"可见的学习之轮"，从学生的角度来看，形成的问题是"为什么它对我很重要？"

- "提供形成性评价"（回到教师角度）的效应量为0.53，显示了教师将学生带回他们展示自己学会某事的情境中，倾听结果并相应地调整教学是多么重要和有效。学生在所设定的课堂目标上的表现，不仅向学生展示了他们所处的位置，而且最重要的是，也向教师展示了他们所处的位置。教师需要寻求关于其影响力的反馈：目标是什么？理解了什么内容？谁理解了什么？哪些方法可以长期使用？回顾课堂，哪些媒介是有效的？有足够的改善吗？因此，"现在我必须展示我学到了什么！"这一挑战是"可见的学习之轮"的另一个组成部分。

■ 贯穿"可见的学习"的一个共同点是，教师必须被视为自身影响力的评估者。教师必须意识到他们的影响。"反馈"这一因素效应量为 0.70，这强化了该观点。成功的反馈有两个关键方面。首先，成功的反馈不是一条单行道，而是一种对话。从这一角度看，不仅教师对学生的反馈很重要，学生对教师的反馈也很重要。其次，不是所有反馈都是同等有效的。事实证明，含有从学生视角出发的进一步学习过程的信息的反馈，特别有效。对于"可见的学习之轮"来说，这些是"我想对这门课说什么？""我的下一步是什么？"的内容。

图 10.1　可见的学习之轮

在此有必要做出解释，以避免误解。"可见的学习之轮"不应该被看作一种硬性规定，而应该被看作集体专业化的表达，因此也可以被看作教学人员的基本态度。对于学生来说，这使学习和教学变得可见了。从这一角度来看，它允许在运用的强度及其组成部分的顺序上有一定的调整空间。但是，对于是否需要在课堂上反复运用的问题上，没有回旋余地。因此，我们也需要保持谨慎：

"可见的学习之轮"不仅仅是一种媒介。它需要教师的深层理解以及相应的能力和态度。因此，不仅要了解它和知道如何使用它，更重要的是要清楚为什么要使用它。

在《可见的学习：十个心智框架》一书中，我们完成了从"可见的学习"中推断出实践建议的挑战。以下十个心智框架是最重要的：

1. 我是自己对学生学习的影响的评价者。

2. 我运用评估了解自身的影响力和指引下一步行动。

3. 我与同事和学生合作，形成关于进步和自身影响力的概念。

4. 我是变革的驱动者，并且相信所有学生都能够进步。

5. 我乐于迎接挑战，而不仅仅是"尽力而为"。

6. 我给予学生反馈并帮助他们理解，我解读反馈并据此采取行动。

7. 我运用的对话与独白同样多。

8. 我从一开始就清晰地告诉学生成功的影响是什么样的。

9. 我建立关系和信任，使得学习可以发生在一个允许犯错和相互学习的环境中。

10. 我聚焦于学习和学习的语言。

这十个心智框架阐释了使学习变得可见的关键步骤。

1. 我是自己对学生学习的影响的评价者

教育专长体现在教师如何思考他们所做的事情中。其中一个最关键的问题是，教师是否想了解自己的影响，并使其可见。那些为自己设定了这一目标并不断努力实施的教师，与那些不问自己这个问题的教师有着本质的区别。当你走进教室，对自己说"我在这里的工作是评估我的影响"，那么学生就是主要的受益者。进入这个心智框架，"教师是为了 DIIE（Diagnosis-Interventions-Implementation-Evaluation，诊断-干预-实施-评估）！"的理念是有帮助的：准确的诊断、适当的干预、高质量的实施，以及对干预措施的出色评估是成功教学的主要步骤。

2. 我运用评估了解自身的影响力和指引下一步行动

《可见的学习》反复指出的是，课堂教学中的反馈不是单行道，而是双向的。从教师到学生的反馈是最常被讨论的，从学生到教师的反馈也应如此。后

者对于"可见的学习"来说是不可或缺的。学生是否达到了他们的目标？他们
是否理解了所有的课程内容？哪些学生取得了足够的进步，哪些没有？只有当
教师掌握了这些信息，他们才能计划下一堂课。对学生的笔记进行深入分析有
时可能就已经足够了，对分数进行批判分析对学生和教师都很重要。事实上，
这些考试也提供了教师是否取得成功的重要信息。

如果教师不掌握这些信息，他就有可能面临在教学中脱离学生，课堂计划
是否适合学生全凭运气的风险。

我们已经提到，仅仅教师对课堂教学的过程和成功进行自我评价是不够的，
学生必须学会在课堂上发挥作用，同时评价自己的成功。学生需要积极参与，
但有太多的学生可能看起来很专心，而他们的心思却并不在此。原因很简单。
这就是他们避免惩罚的方式。鉴于这一事实，从教师的角度来看，一堂课可能
进行得非常顺利，但学生可能感到无聊。

教育文献中描述了许多评价方法——这些方法都有优点和缺点。一个无须
投入高成本或大量精力的评价方法是测验或结课小测。这种方法易于运用，并
能高效地传递有关学习的信息，从而反映出教师的影响力。因此，教师可以在
课程结束时加入一些小测验，以使学习可见。图 10.2 呈现的是一节课的任务单，
这节课从叶子和果实的角度介绍了各种落叶树。如果学生达到了成功标准，他
就能实现"全部正确"。

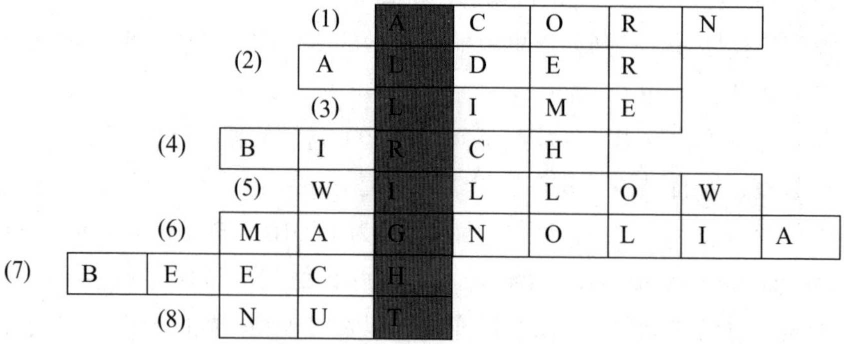

图 10.2　小测验：课堂中最重要的术语

译者注：图中的单词从上到下依次是：橡子（acorn）、桤木（alder）、酸橙树（lime）、
桦树（birch）、柳树（willow）、木兰（magnolia）、山毛榉（beech）、坚果（nut）。

3. 我与同事和学生合作，形成关于进步和自身影响力的概念

教学人员之间的合作对于我们迄今为止所说的一切都是不可或缺的。只有当教师们一起工作时才能获得成功。教师也是学习者，一般来说，他们在一起学习比单独学习学得更好。团队可以谈论和讨论课堂教学的计划、执行和评估。在一个团队中，优势得以集中，弱点得以弥补；在一个团队中，责任得以分担。团队可以通过分工来节省时间；在一个团队中，个体可以分享成功，克服失败。最重要的是，同行之间的合作有助于批评和澄清我们对"影响力"的概念，质疑我们是否正在取得足够的进展，询问我们关于证据的概念，并帮助评估我们对学生的影响。

尝试一起规划一节课。例如，用一张"餐垫"来澄清不同的目标，并找到一个共同点；将不同同事的想法记在四周，共识写在中间（见图 10.3）。

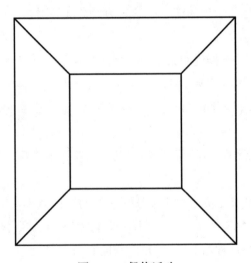

图 10.3　餐垫活动

当然，并不是每个人都能与其他人合作愉快，任何团队中都有可能发生冲突。任何团队要取得成功，都非常需要社会敏感性，以及允许轮流发言，以使其他人都能表达自己的观点。但这并不能证明我们在教师当中看到的任何先入之见都是正确的。一个重要工具是团队会议，与成功教学相似，其特点是目标、内容、方法和媒介都很明确。此外，对合作有效性的理解也很重要，正如西蒙·斯涅克（Simon Sinek，2009）说："成功的合作并不意味着一起工作。成功的合作意味着相互信任。"

4. 我是变革的驱动者，并且相信所有学生都能够进步

让我们再次记住，"可见的学习"的目标不是要解决仍在持续和长期存在的教学方法之争。其目标在别处。首先，它关注的是教师评估自己的教学实践效果的能力。许多类型的实证数据都有助于发展这种技能。其次，关键是要知道，如果课堂教学被证明是无效的，那么这并不能完全归咎于学生。教师也必须质疑他们的作用，并相应地改变他们的方法。这强调了教师运用广泛而灵活的教学方法的能力。

让我们用一个例子来说明这一点。动机对于学习过程来说是绝对必要的——例如，在"可见的学习"中，这一点得到了"深层动机和方法"（$d = 0.71$）和"成就动机和方法"（$d = 0.62$）这两个因素的支持。因此，在课堂情境中，动机应该受到特别的关注。例如，有许多不同的策略聚焦于对学科主题的注意、主题的相关性、学生的信心或学生的满意度等因素：

- 使用一个似乎不能说明某个给定概念的例子（注意）。
- 将主题与学生的日常生活联系起来，显示其重要性（相关性）。
- 在课堂上提供不同的难度，使学生带着能够成功的期望投入课堂学习（信心）。
- 强调最近的课程中出现的学习成功和进步（满意度）。

不同方法的成功在很大程度上取决于它们对不同认知水平的适用性（"皮亚杰项目"，$d = 1.28$）。这导致了一种试图在目标上达到最高可能水平的教学风格，因此具有挑战性。在这种情况下，"1+"策略在《可见的学习》中得到了认可。

5. 我乐于迎接挑战，而不仅仅是"尽力而为"

在对教师规划教学实践的研究中，最令人惊讶的发现之一可能是很多教师几乎不考虑目标。人们对这一事实往往评价不一：对于有经验的教师，缺乏对目标的考虑会被认为问题不大，因为他们已经反复讲过同一堂课。然而，无论他们是否反复教过同一堂课，他们都不是把东西教给同样的学生。

相反，对于新手教师，缺乏对目标的考虑往往会受到严厉的批评，因为缺乏对课程目标的意识，他们无法反思自己的教学实践是否成功，而这是教师专业行为的一部分。同样重要的是，他们应该与学生分享他们的目标或成功标准。

毋庸置疑的是，在这种背景下，对目标（$d = 0.59$）的教师清晰度（$d = 0.75$）是成功课堂教学和教师专业行为的最重要因素之一。仅仅能说出课程目标和知道课程计划是不够的，因为这些目标太抽象，离教师自己的课堂太远。这样的目标往往只关注"是什么"，而只有"是什么"是不够的。为了达到目的，"可见的学习"建议为大多数课程设置两个目标——一个针对的是表层或内容，另一个针对的是概念之间的深层关系。这些理解的类型正如德国教育委员会（German Council of Education，1970）提出的，一方面与"再现""重组"的难度水平相关，另一方面与"迁移""解决问题"的难度水平相关。另外，也可以使用约翰·比格斯与凯文·柯林斯（John Biggs & Kevin Collis，1982）开发的"可观察的学习结果的结构"（Structure of the Observed Learning Outcome，SOLO）模型或诺曼·韦伯（Norman L. Webb，1997）的"知识深度"（Depth of Knowledge，DOK）模型（见表10.1）。

仔细观察可以发现，SOLO模型和DOK模型水平之间的相似性大于差异性。尤其明显的是，这些难度水平可以与前面提到的"皮亚杰项目"（$d = 1.28$）联系起来。如果一个学生还没有形成对某个学科主题的表层理解（再现和重组），那么试图在深层理解（迁移和解决问题）的水平上完成任务可能就没有意义。相反，对于已经拥有深层理解（迁移和问题解决）的学生来说，处理表层理解（再现和重组）水平上的任务不足以激发他们的兴趣。

表10.1　关于理解类型的三个模型对比

	德国教育委员会 （1970）	SOLO （1982）	DOK （1997）
表层水平	再现	单一结构	回忆与再现
	重组	多元结构	技能与概念
深层水平	迁移	关联水平	策略性思考与推理
	解决问题	抽象拓展水平	拓展性思考

6. 我给予学生反馈并帮助他们理解，我解读反馈并据此采取行动

有效性问题以及随之而来的证明有效性的问题是"可见的学习"和成功教学的一个关键点。这方面的一个重要因素是所谓的"逆向设计"，字面意思即从结果倒推。这意味着，对课堂教学的评估必须从结果出发进行考虑：从课后的结果出发考虑课前的设计。要实现的目标必须是出发点。我们将用"反馈"因

素（$d = 0.70$）的例子来说明这种方法。

成功的反馈取决于清晰的目标，并提出"你要去哪里？""你的进展如何？"和"下一步去哪里？"等问题。在此基础上，成功的反馈需要完成"任务""过程"和"自我调节"三个步骤。各种研究表明，这种情况很少发生，教师很少关注学生自我调节的反馈，尽管它是对学生最重要的反馈方面。

以下问题可能有助于作为教师的你反思自己的反馈实践，并加以改进。

任务

- 学生的回答符合成功标准吗？
- 答案是对的还是错的？
- 怎样才能更详细地表述答案呢？
- 答案的哪个部分是对的或错的？
- 要使答案更全面，还缺些什么？

过程

- 在学习过程中使用了哪些策略？
- 在学习过程中哪些是有效的？哪些是可以改进的？
- 学习过程的优点和缺点是什么？
- 对于学习过程，在完成任务途中还提供了哪些进一步的信息？

自我调节

- 学生认为他已经达到了什么目标？
- 学生给出的正确或错误地解决任务的理由是什么？
- 学生如何解释他的成功？
- 下一个目标和任务是什么？
- 学生如何自我指导和监控学习过程？

值得一提的是，由于反馈的对话式结构，学生对教师的反馈也很重要。这些方法对他们有效吗？媒介是否可行和合适？组织是否有帮助？教师的演示是否清晰正确？可以用"反馈靶"来获得这些信息（见图10.4）。反馈越接近靶心，效果越好。

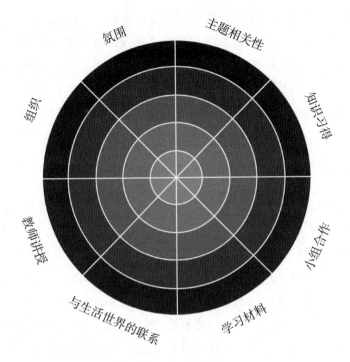

图 10.4　反馈靶

在必要时可以对这一呈现形式进行调整。例如，你可以把评估限制在两个维度上（见图 10.5）。这就为你提供了一个"反馈坐标系"，越靠外侧越好。

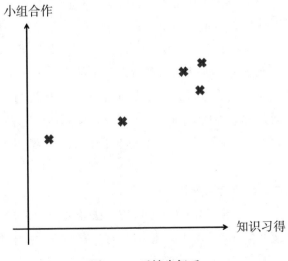

图 10.5　反馈坐标系

不应忘记，我们可以使用新媒介完成这些步骤，如计算机、平板电脑等设备。如果使用得当，它们可以揭示在缺乏这些设备时很难或不可能被看到的信息——这也再次证明新媒介本身并不能有效发挥作用，而是需要依靠人们来产生影响。除了可能的成本以外，在这种情况下，新媒介的优势在于它们的使用能够实现更复杂的反馈，而不会造成更多的工作负担。例如，一种快速且简单的方法是，借助一个应用程序向学生提供一份全面的调查问卷，并在几秒钟内通过点击鼠标进行评估。这就为反馈的决定性步骤——与学生的对话创造了时间和空间。

因为我们知道，成功的教师不是孤军奋战，而是与其他教师一起工作，所以我们现在要看看第三种反馈：教师之间的反馈。研究表明，教师在一周的时间里会谈论除自己的教学实践外的其他一切东西：谈论学生、谈论家长、谈论同事，但几乎不谈自己的教学，更不谈自己教学的影响力。这可能部分是由于教师之间的关系很浅薄，他们还没有准备好就自己的教学和个性进行如此深入的交流。当然，这也表明学校领导者在办公室中选择适当的表达方式和在教师之间建立信任关系的重要性，这使教师之间能够就其影响进行有力的讨论。因此，在引入反馈过程时保持谨慎是很必要的，因为这预设了一定程度的反馈文化。例如，如果一所学校尝试在教师同事之间引入团队教学观摩活动，那么教师必须已经对这种措施形成了一种积极的心智框架，以营造一种相互信任的氛围。如果不是这样，重要的变革甚至在开始前就已经失败。

因此，我们会提出一些实践建议。首先，互相谈论对方之前先与对方开展对话。其次，肯定性反馈使批判性反馈更容易被接受。最后，反馈发生在不同的层面（课堂上、教师职工中、行政管理层、教育部门）。当一种反馈的文化得以发展，从内部（课堂上）到外部（教育部门）的反馈方式会更加有效。显而易见的是，反馈的文化有赖于相应的心智框架：错误被视为机会，而非缺陷。教学被理解为对话，而非独白。师生关系建立在互相信任和自信之上。与其他任何文化一样，发展一种反馈的文化也需要时间，无法一蹴而就。

7. 我运用的对话与独白同样多

根据目前的研究，合作学习（$d = 0.47$）已经被证明是特别有效的——特别是当它们与直接教学（$d = 0.45$）相结合时，它使得学生和教师都清晰地知道目标、内容、方法和媒介。合作学习基于"思考 – 配对 – 分享"（Think-Pair-

Share）三个步骤，可以用图 10.6 所示的"小组拼图"的例子来说明。

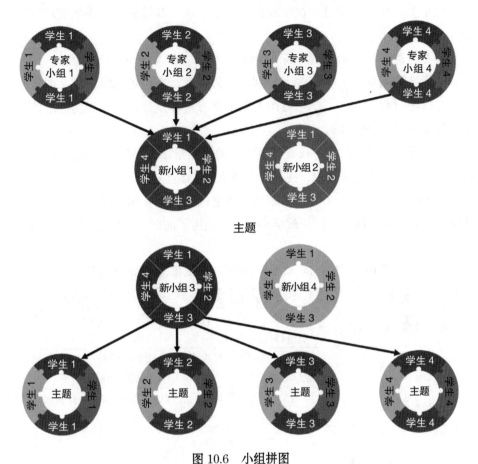

图 10.6　小组拼图

　　在这项活动中，首先，全班被分成若干个专家小组。在这些小组中，每个人都必须就本节课主题的某个部分开展单独学习（思考）。然后，专家小组内部分享并讨论个人的学习结果（配对）。最后，全班回到一起，由不同专家小组的一个代表成员重组成新的小组。学生互相汇报他们在原初专家小组得出来的结果（分享）。

8. 我从一开始就清晰地告诉学生成功的影响是什么样的

　　对于学生来说，知道自己何时达成学习目标和成功标准无疑是有帮助的。如果教学没有触及学习的成功标准，那么学习机会就错失了。当然，有几种方法可以达到学习目标。然而，在达到目标之前揭示成功标准，对成功和可持续学习是至关重要的。但这取决于教师是否愿意从一开始就告知学生成功的影响是什么样的。

学习意图和成功标准是一个硬币的两面，在效果上是相互依赖的。因此，对一个标准的阐释是有价值的，特别是当另一个标准也可见时。两者的区别在于，在学习过程的开始，学习意图揭示了学习目标是什么，而成功标准使这个学习目标的实现变得可见。

在这种背景下，教师不仅要知道课堂的目标是什么，什么时候达到了目标，而且要与学生分享这些知识，使其成为课堂的清晰主题。

表 10.2 试图说明学习意图和成功标准之间的相互作用和相互关系。为了达到这个目的，我们选择了一个教学实例，并使用了前面谈及过的 SOLO 模型。

表 10.2　按 SOLO 模型分类的学习意图和成功标准的实例

水平	学习意图	成功标准
单一结构 / 多元结构	认识到光 / 声音是一种能量形式并且具有某些性质	我能说出一个以上光 / 声音的性质
关联水平	知道光 / 声音可以转换成其他能量形式	我能解释光 / 声音如何被转换成其他能量形式
抽象拓展水平	理解光 / 声音如何让我们进行交流	我能讨论光 / 声音如何让我们能够交流

9. 我建立关系和信任，使得学习可以发生在一个允许犯错和相互学习的环境中

只有在完好的"师生关系"（$d = 0.63$）的基础上，上述开放性的关于错误的文化才能建立。一个充满信任与信心、安全、关怀和友好的氛围对于广义的教育和狭义的学业成就都是至关重要的。这需要"以学生为中心"和"充满热忱"的教师，他们重点关注学生，而不是自己的知识和技能。因此，学生成为教学过程的出发点。他们的成功就是教师的成功。占主导地位的心智框架是，教学是共同完成的事情，双方都需要对方。学习过程中的失败不能（完全）归咎于学生，而应是被视为一种共同的失败，这同时提供了尝试和再尝试的必要性和机会。

10. 我聚焦于学习和学习的语言

《可见的学习》的一个核心信息是，考虑先前知识和经验对成功的课堂教学很重要。回想一下"皮亚杰项目"这一因素，其效应量为1.28。这使我们需要检视学习条件，并决定：

- 学生处于何种学业成就水平？他们是新手、学者还是专家？
- 学生对自身有效性的信念水平如何？是高水平，困难任务被视为挑战吗？还是低水平，以至于困难任务被视为一种威胁？
- 学生的动机水平如何？学生的动机是来自自我激励（内在动机），还是来自外部因素（外在动机）？

对于广泛用于识别学生的视觉、听觉、触觉或其他学习风格的测试，我们在这里想要给出一个谨慎的提醒，《可见的学习》表明，这些学习风格往往缺乏高质量。这些测试通常不能测量它们自以为能测量出的东西，所以它们提供的模棱两可的结果更有利于出版商，而非学生。核心信息更多是要了解学生的学习策略，而不是根据喜好的学习风格把学生分类。

如果让教师对学生的成功学习负全部责任，那就把事情过于简化了。《可见的学习》中"学生""家庭""学校""班级""课程""教师""教学策略""学习策略"和"实施方式"这九个领域的平均效应量证明了这一事实，"社会经济地位"（$d = 0.56$）或"深层动机和方法"（$d = 0.71$）等因素的重要影响也表明这一点。学习也不是只由个人承担，而是需要参与这一过程的各方进行密切交流。当然，教师作为教育和课堂教学的专家发挥着关键作用，因为他们的任务是把"学校的语言"转变成"父母的语言"和"学生的语言"。

这些思考和过程可以成为你发展自身心智框架的重要基石。另一个重要的因素是"自评成绩"——根据《可见的学习》，这个因素的效应量居于前列：$d = 1.22$。教师专业性的一个基本要素是：意识到自己如何思考自己所做的事情、为什么做自己所做的事情，并批判性或建设性地反思自己的行动。"教师集体效能感"拥有最高的效应量，为1.57，这表明这些过程在团队中完成时比个人单独完成时更有效。因此，了解学校的普遍态度并进行交流是有价值的。表10.3中的调查问卷可以作为开始的第一步。

表 10.3 "可见的学习"中的十个心智框架

	非常同意	同意	不同意	非常不同意
我是自己对学生学习的影响的评价者。				
我运用评估了解自身的影响力和指引下一步行动。				
我与同事和学生合作，形成关于进步和自身影响力的概念。				
我是变革的驱动者，并且相信所有学生都能够进步。				
我乐于迎接挑战，而不仅仅是"尽力而为"。				
我给予学生反馈并帮助他们理解，我解读反馈并据此采取行动。				
我运用的对话与独白同样多。				
我从一开始就清晰地告诉学生成功的影响是什么样的。				
我建立关系和信任，使得学习可以发生在一个允许犯错和相互学习的环境中。				
我聚焦于学习和学习的语言。				

从这个调查问卷出发，你可以审视你自己的心智框架，使你自己的教学实践可见，并在与同事的对话中发展它们。"认识你自己的影响力！"

参考文献

Biggs, J., & Collis, K. (1982). *Evaluating the quality of learning: The SOLO taxonomy.* New York: Academic Press.

German Council of Education (Ed.) (1970). *Strukturplan für das Bildungswesen.* Stuttgart: Klett.

Hattie, J., & Zierer, K. (2018). *10 mindframes for Visible Learning: Teaching for success.* Abingdon, Oxon: Routledge.

Sinek, S. (2009). *Start with why: How great leaders inspire everyone to take action.* New York: Penguin.

Webb, N. (1997). *Research monograph number 6: Criteria for alignment of expectations and assessments on mathematics and science education.* Washington, DC: CCSSO.

附录A 常见的问题

接下来，我们整理了一系列问题，这些问题是我们反复被问到的，它们代表了"可见的学习"讨论中具有代表性的亮点和陷阱。我们试图尽可能简明扼要地回答这些问题。在一定程度上，这些回答不是完美无缺的。我们的目标是力求清晰，并解决常见的模糊之处。为此，这些问题被分为"总体""研究基础""效应量""学生成就""元分析""班级规模""家庭作业""领导者""教师"和"学生"等几方面。

总 体

1. 什么是《可见的学习》?

《可见的学习》是对元分析的综合，在约翰·哈蒂研究 15 年之后，于 2008 年以著作的形式初次出版。该版本包括大约 800 项元分析，并被认为有史以来最大的教育实证研究数据库。这项工作一直持续到今天，目前的数据库包含了 1400 多项元分析。基于"可见的学习"，最重要的作品包括:《可见的学习》(2008)、《可见的学习（教师版）》(2013)、《可见的学习与学习科学》(2014)、《可见的学习在行动》(2015) 和《可见的学习:十个心智框架》(2017)。最近的两本书是《可见的学习与深度学习》(2018) 和《可见的学习:反馈的力量》(2019)。

还有一些著作将这些想法转化为实践:《可见的学习（k–12 阅读与写作版）》(2016)、《可见的学习（k–12 数学版）》(2017)、《可见的学习（k–12 科学版）》(2018)、《可见的学习课堂中的科学教学》(2018 年)、《可见的学习:反馈的力量》(2019)，以及《可见的学习（英语语言学习者版）》(2019)。还有相关的实践指南，以及小学和高中各个学科的配套书籍。

2.作为一名教师，我应该怎样使用《可见的学习》？

《可见的学习》可以作为讨论如何运用证据指导学校实践的基础。比如，如何在课堂上改进反馈。这本书可以帮助教师优化他们的反馈，让学生认识到有效反馈的好处。同时，它也能让教师意识到反馈是如何传递给学生的。通过这种方式，学生和教师的心智框架都被考虑在内。

3.《可见的学习》存在哪些障碍？

《可见的学习》已经受到许多教师的欢迎。然而，不可否认的是，也有一些误解。这些误解往往是基于对所得结果的肤浅和断章取义的思考。因此，如果学校要成功地改变，对"可见的学习"方法保持开放是至关重要的。如果是这样的话，根据我们的经验，由于立场和结果的清晰性，《可见的学习》是令人信服的。

研 究 基 础

1.为什么这项研究只关注学校教育的一个维度（即学生的学业成就）？

"可见的学习"基于初级的量化实证研究，这些研究通常针对学校背景下预期的表现领域：数学、科学和语言能力，这些能力是通过标准化测试或州级表现比较来衡量的。因此，这种强调反映了初级研究的焦点。学校教育的其他目标维度，如社会行为、道德判断或民主教育，也同样重要，但不是"可见的学习"的核心内容。

2.你如何思考《可见的学习》手册中收集的研究在设计和质量上的变异性？我如何确保结果是可靠的？

其他科学家研究了这个问题，发现元分析的质量一般不太重要。当效应量非常小（$d < 0.10$）时，它才变得更加重要。这一结果在《可见的学习》中基本上得到了证实。尽管如此，质量较低的元分析已经尽量被排除在外了。

3.书中涉及的许多主要议题——学生反馈、将先前学习与后续学习联系起来、从已知到未知——都是 20 世纪 70 年代初就出现的议题。我是否只是在重复旧的想法？

教育实证研究总是对过去进行回顾。"可见的学习"中的研究主要来自 20 世纪 90 年代至 21 世纪 10 年代。《可见的学习》是一份基于对过去的分析的文献综述。然而，同样值得注意的是，并不是所有自 20 世纪 70 年代以来的有说服力的、成功的想法目前都被所有同行所认同。效应量与研究的发表年份之间没有关联。

4. 书中的大部分研究都是在高度发达的英语国家进行的。这项研究是否适用于非英语和非西方国家?

是的，确实有许多研究来自发达国家，将其推广到其他国家需要谨慎。相对于高收入国家，低收入国家的学生学业成就更多地受到学生的社会地位和学校水平差异的影响，而较少受到教师素质的影响。正因为如此，不建议将这项研究不加辨析地照搬应用在低收入国家和非西方国家中。从我们的观点来看，英语语言的优势地位并不重要，因为今天的教育研究是国际性的。

5. 书中的"效应量"排行榜清楚地指出了不同因素对学生学业成就的影响，但如何考虑这些因素之间的相互关系呢? 例如，师生关系的效应量为 0.63，缩小班级规模的效应量仅为 0.14。然而，缩小班级规模对教师与学生发展更深层次关系的能力有什么影响?

我们认为，领域之间的重叠是至关重要的。不是简单地把影响因素叠加起来就能得到一个增进的效果。重要的是，创造一个故事去讲述这些潜在的共同部分，如成功因素、学生评估能力、认识你的影响力等。这就是为什么《可见的学习》的创作花了这么长时间——它是在那么多重叠的影响因素中理出这个要讲述的故事。

效 应 量

1. 效应量是怎么计算的?

效应量可以用不同的方法来计算。在《可见的学习》中，使用了标准化均值差异（Cohen's d，即用前测和后测或干预组与控制组测量值之间的平均差异，除以两组的合并标准差）。

2. 为什么用 0.40 的效应量大小作为关节点，基本上忽略效应量低于 0.40 的因素呢？

低于 0.40 的效应量并没有被忽略，它们也值得仔细研究。毕竟，了解为什么一个因素的影响小，往往是提高其有效性的前提。然而，"可见的学习"认为重要的不是"什么有效"（$0 < d < 0.40$），而是"什么最有效"（$d > 0.40$）。在教育领域，90% 的因素的效应量都是正值（$d > 0$），这意味着几乎所有东西都是有效的。0.40 的效应量以这样的方式看待教学创新对学业成就的影响，即我们可以注意到现实世界和更显著的差异。它不是一个神奇的数字，而是一个可以引发关于如果我们想看到学生的变化，我们要以什么为目标的讨论的参考。

3. 计算效应量的首选时间尺度是什么？

对学校的研究和随后的分析表明，如果有效果的话，至少需要 8 至 12 周的时间，才能够使用效应量测量出效果。

4. 使用效应量有利于成绩较差的学生，这其中是否存在偏见？

当测试的设计创造了一个上限，不允许成绩好的学生取得任何进步时，可能会有偏见。

5. 在计算效应量大小时，我应该对什么保持谨慎？

从大样本中计算出的效应量更准确。因此，在解释小样本（$n < 30$）的效应量时，应保持谨慎。当样本包括异常值（即特别高或特别低的分数）时，也应特别谨慎。在计算效应量时，最好是比较包括和不包括异常值的结果，看它们是否有区别。当比较前测和后测的分数时，更有用的做法是确保所有学生都参与两次测试，并且比较同一组学生的分数。最后，在解释效应量时，应该多留意一下背景。

学 业 成 就

1. "学业成就"的定义是什么？是学生在标准化测试中取得的结果，还是有其他的测量方法？

学业成就与学校日常教授的科目有关，其中数学和阅读占多数（其次是科学和社会），而艺术则较少。就"可见的学习"研究而言，"学业成就"的测量结果由标准化测试、州级测试以及研究人员和教师研制的测试混合而成。

2. 期望底部 50% 的学生能有所改善是现实的吗？

是的。我们的期望是，所有的学生都能在一年内有所提高和进步。关键是我们作为教师的心智框架，即我们是变革的驱动者，许多教师成功地将学生引向积极的方向。

元　分　析

1. 什么是元分析？

元分析是指使用统计方法将初级研究的结果合并起来。在这种情况下，"可见的学习"是对元分析的综合，并以相应的标准为导向，其在统计程序上也采取了新的方法。

2. 使用元分析有哪些常见的问题？

简而言之，元分析有三个主要问题。第一，你在比较不同的研究，所以需要注意考虑任何可能影响总体结论的调节因素。第二，元分析的重点是寻求平均数，因此必须考虑到结果的方差或分布。第三，研究只报告过去的发现。

3. 为什么"可见的学习"只关注均值，而忽视了课堂的复杂性和变异性很大的结果？

课堂是高度复杂的场所。虽然有共同的主题，但均值不能对此做出公正的评价。这就是为什么元分析的一个主要特点是提供机会来评估调节因素以及可能影响均值的许多因素的效果。尽管如此，实证研究表明，对总体效果进行归纳是可行的，因为调节因素的数量远比一般假设的少。

班　级　规　模

1. 有研究表明班级规模并不重要，你对此有何看法？

这种观点没有得到普遍认可。近年来的研究表明，缩小班级规模可以提高学生的学业成就，但影响很小。与其他因素相比，这是一个微小但积极的影响因素。关键问题是："为什么班级规模的影响如此之小，但是很多人都声称它的影响应该大得多？"缩小班级规模可以做很多事情，但这并不是一件肯定的事情。它需要教师能够很好地利用改变了的初始条件。因此，在决定投资这种干预之前，了解班级规模的影响是很重要的。

家 庭 作 业

1. 在"可见的学习"的研究中，家庭作业有多重要，其效应在小学和初中/高中之间是否有区别？

小学（$d=0.15$）和初中（$d=0.64$）的家庭作业在效应量上是有区别的，初中的家庭作业效果要好得多。同样，理解为什么会有这种区别是很重要的，"可见的学习"探讨了其原因（例如，家庭作业提供了练习已经教过的东西的机会，这比期望学生在家里学习新东西更有效，比如处理新项目。高中家庭作业更多是练习，这就是它效果更好的部分原因）。

2. 你是否建议在小学阶段取消家庭作业？

不。学校需要考虑他们布置的家庭作业的类型。证据表明，一方面，如何完成家庭作业是需要学习的；另一方面，我们在小学看到的传统家庭作业可能影响不大，所以值得重新审视。家庭作业需要：与课堂相联系、由教师监督、完成时间短、不包含新的学习内容，因为这不利于那些最需要专业教师指导的人。

领 导 者

1. 变革型领导者和教学型领导者之间的区别是什么？

教学型领导者（$d=0.42$）是指以教学为中心，对教师和学生都有较高期望的学校领导者。变革型领导者（$d=0.12$）指的是那些注重和谐共处和幸福氛围的学校领导者。如果学校领导成功地将两种特征结合在一起，成为"协作型领导者"，他们就能实现最大的影响力。

2. 学校领导者可以做些什么来改变教师的心智框架，并使之发生变化？

可以做很多，但让我们先聚焦于其中一点。证据显示，如果学校领导者把自己看作"评价者"，那么他们就很有可能改变教师的心智框架，使教师对学生的学习产生最大的影响。这些学校领导者需要清楚地知道他们对学生的要求是什么，并能认识到成功的指标是什么。他们会问：我怎么知道这个是有效的？我怎么能把"这个"和"那个"进行比较？这种对学习的影响的优点和价值是什么？效果如何？什么证据能说服你相信自己是错的？哪里有证据表明这比其他项目更优？你在哪些实践中看到这种做法产生了有效的结果？我是否与他人有共同的进步概念？通过制定教学和学习影响的评估计划，你自己身上的效果可以使其他人看到这些问题的价值，提供对学生学习和教师教学的影响力的证据，并创造一种健康的尊重文化，以确保这一切都会发生变化。

教　　师

1. 作为一名教育者，我应该关注什么？

"可见的学习"的重要主题是：认识你自己的影响力！这是我们希望教育者关注的内容。一言以蔽之：一切都是有效的。因此，询问 X 是否能提高学业成就是一个没有太大意义的主张。我们需要追求更大的变化幅度，而不仅仅是"任何变化"，我们知道什么是平均效应量（$d = 0.40$），所以这是最低的目标。关键是学校领导者、系统和教师要了解他们正在产生的影响，并以此为基础开展工作。如果低于 0.40，你就得问自己：这是否值得继续下去？如果大于 0.40，那就继续你正在做的事情。"认识你自己的影响力！"迫使人们提出道德上的问题：对什么产生影响？不仅仅是学业成就，还将拓展到：使学校成为一个有吸引力的学习场所，学生留在学校直到完成最后一年，从仅有表层知识到学会深度加工、有乐趣与热忱等。

2. 我们怎样才能改变教师的想法，让他们知道在孩子的学习中哪些影响因素是最重要的？我们怎样才能改变教师的心智框架？

这的确不是一个简单的任务——但我们是否应该回避它，尤其是在我们知道态度的影响力有多大后？在许多项目中，我们得出的结论是，改变态度是可能的，尽管这并不容易。这首先需要的是提高对态度的认识；其次是使其可见；

最后是引用实证证据，这可能会导致认可或恼怒——这两者反过来会激发深刻的专业化过程，最终可以使其再次被意识到和看到。

3. 教师的准备工作（即计划和备课）如何影响学生的学习进度？

完善的、经过深思熟虑的课堂计划可以增加学习进步的可能性。其主要目的是让教师以合作的方式规划教学，尤其重视与学生分享成功标准。因此，我们并不只是建议增加备课时间，尤其是单独备课（或者更糟糕的是，当你和其他教师坐在同一间办公室，却仍然独自工作）。我们致力于根据过去的情况和对学生的预期影响，进行有重点的集体备课。我们知道这并不容易，但它是成功学校的一个关键因素。

学　　生

1. 如果学生想要实现不同的目标，我们需要设定什么样的学习意图？

这在个人层面上产生的效果更强，但我们可以以班级为单位教授设定和监测目标的方法。为了有效掌控这件事，有共同目标的学生可以作为一个小组进行教学。目标通常是围绕着一个共同的需求来设定的，这促使教师设定一个更周全的学习意图，并通过成功标准来进行划分。例如，整个班级可能都需要专注于标点符号，但一组学生学习正确使用大写字母和句号，而另一组学生学习使用分号和逗号来遣词造句。

2. 数字媒介对学生的学习有什么影响？

目前，数字媒介的潜力在很多地方、很多层面得到讨论。一些声音甚至谈到了教育领域的"数字革命"。数字媒介对教师和学生都有吸引力，比课堂上的其他资源更受关注，这种说法乍一看可能是真的。然而，再仔细一看，这些影响显然在一段时间后就会消退。这证明了数字媒介不能被视为理所当然。在这种背景下，许多初级研究得出的数字媒介很少对学生的学业成就产生深刻影响的结论，就不令人惊讶了。其原因是多方面的。我们的观点是，它们往往只被用作传统媒介的替代品，其内在潜力很少能得到展现。只有当教师改变他们的教学以优化数字媒介的表现时，才会有更好的效果：教学法先于技术。

附录 B　250 余个影响因素（2018 年 5 月）

为了让读者能够对"可见的学习"截至 2018 年 5 月汇总和评估的所有领域和因素有一个大致的了解，下面给出了相应的概览。它基于 1400 多项元分析，共计包括 250+ 个因素[*]。这些因素被分配到"学生""家庭""学校""班级""课程""教师""教学策略""实施方式""学习策略"九个领域，并按英文字母顺序排列。考虑到断章取义的风险，读者要注意的是，各种因素不能被视为相互独立的，而应被视为相互依存的，并可能具有深远的成本-效益比。在分析这份概览时必须考虑到所有这些。从这个意义上说，它主要起导向作用。

学　　生

因素	效应量	元分析数	研究数	开始年份	结束年份	元分析标准误	（加权）效应量
成就动机和方法	0.44	2	113	1999	1999	0.22	0.62
注意力缺陷多动障碍	−0.90	1	31	2015	2015	0.00	−0.90
焦虑	−0.42	8	254	1987	2015	0.07	−0.37
对内容领域的态度	0.35	4	320	1983	2010	0.04	0.38
厌学	−0.49	1	29	2015	2015	0.00	−0.49
母乳喂养	0.04	1	12	2006	2006	0.00	0.04
专心 / 毅力 / 参与度	0.56	2	44	1991	2004	0.39	0.42
创造力与成就	0.40	2	141	2005	2016	0.04	0.44
失聪	−0.61	1	12	2016	2016	0.00	−0.61
深层动机和方法	0.69	2	110	1999	1999	0.04	0.71
抑郁	−0.36	2	70	2013	2013	0.04	−0.35

---

[*] 请读者留意：附录共计 254 个因素。附录中"元分析数""研究数""元分析标准误""（加权）效应量"等项目计算出的各领域项目统计总值与表 3.5 中的有所出入，这与附录的因素数以及因素归类有关，感兴趣的读者可在 visible-learning.org 网站上查阅最新信息。

续表

因素	效应量	元分析数	研究数	开始年份	结束年份	元分析标准误	（加权）效应量
药物（ADHD）	0.32	8	411	1975	2008	0.05	0.41
锻炼/放松	0.26	8	397	1985	2014	0.05	0.25
场独立	0.68	2	46	2005	2009	0.20	0.55
性别	0.08	30	2441	1980	2015	0.05	0.02
坚毅/增量思维 vs. 固定思维	0.25	2	173	2013	2016	0.04	0.25
少生病	0.26	7	121	1983	2013	0.05	0.27
缺乏睡眠	−0.05	3	96	2010	2015	0.11	0.01
无压力	0.17	1	26	2016	2016	0.00	0.17
掌握目标	0.06	6	379	2007	2014	0.07	0.10
正念冥想	0.29	3	66	2012	2014	0.05	0.30
早晨 vs. 晚上	0.12	3	267	2011	2015	0.13	0.08
使用方言	−0.29	1	19	2015	2015	0.00	−0.29
表现目标	−0.01	6	360	2007	2014	0.06	0.06
个性	0.26	19	1004	1983	2016	0.05	0.21
皮亚杰项目	1.28	1	51	1981	1981	0.00	1.28
积极的种族自我认同	0.12	4	111	1999	2016	0.19	0.16
早产儿体重	−0.57	7	148	2002	2014	0.05	−0.58
先前能力	0.94	7	1540	1981	2015	0.12	0.82
先前成就	0.55	5	206	1988	2007	0.07	0.54
高中成就与成年表现的关系	0.38	2	147	1985	1989	0.01	0.37
高中成就与大学成就的关系	0.60	5	2061	1990	2012	0.14	0.53
班级内的相对年龄	0.45	1	8	2013	2013	0.00	0.45
自我概念	0.41	7	467	1980	2015	0.03	0.43
自我效能感	0.92	4	122	1990	2007	0.29	0.77
自评成绩	1.33	7	250	1982	2011	0.33	1.22
刻板印象威胁	0.33	2	95	2014	2016	0.30	0.08
表层动机与方法	−0.11	3	392	1999	2010	0.19	0.03
工作记忆	0.63	9	503	1987	2016	0.07	0.67

家 庭

因素	效应量	元分析数	研究数	开始年份	结束年份	元分析标准误	（加权）效应量
收养的儿童	0.25	3	150	1993	2011	0.08	0.21
家庭体罚	−0.33	1	16	2004	2004	0.00	−0.33
离异或再婚	0.23	8	395	1984	2007	0.05	0.28
父亲	0.20	6	324	1987	2014	0.05	0.22
家庭环境	0.52	3	48	1982	2007	0.11	0.53
家访	0.29	2	71	1996	2004	0.09	0.22
移民背景	0.01	1	53	2016	2016	0.00	0.01
军事部署	−0.16	1	5	2011	2011	0.00	−0.16
流动性	−0.34	3	181	1989	1997	0.07	−0.39
（其他）家庭结构	0.16	4	231	1986	2013	0.04	0.18
父母的自主性支持	0.15	3	258	2008	2015	0.03	0.14
父母就业	0.03	2	88	2007	2010	0.03	0.05
父母参与	0.50	15	883	1983	2015	0.07	0.42
社会经济地位	0.52	7	622	1982	2011	0.05	0.56
看电视	−0.18	3	37	1982	2001	0.04	−0.15
福利政策	−0.12	1	8	2004	2004	0.00	−0.12

学 校

因素	效应量	元分析数	研究数	开始年份	结束年份	元分析标准误	（加权）效应量
特许学校	0.09	4	263	2001	2015	0.05	0.03
教师集体效能感	1.57	1	26	2011	2011	0.00	1.57
学校宿舍	0.05	1	10	1999	1999	0.00	0.05
消除种族隔离	0.28	10	335	1980	1989	0.08	0.23
不同类型的早期干预	0.29	8	331	1986	2010	0.05	0.27
学生多样性	0.10	3	55	2010	2013	0.03	0.09
早期干预	0.44	3	312	1993	1999	0.09	0.48
家庭中的早期干预	0.27	4	123	1994	2010	0.06	0.23
外部问责制度	0.31	1	14	2008	2008	0.00	0.31
财政	0.21	6	228	1986	2016	0.09	0.19
早期启蒙计划	0.33	6	412	1983	2013	0.04	0.37

续表

因素	效应量	元分析数	研究数	开始年份	结束年份	元分析标准误	（加权）效应量
中学阶段的干预	0.08	1	38	2011	2011	0.00	0.08
校外课程经验	0.12	4	100	2003	2014	0.05	0.11
学前项目	0.26	12	648	1983	2016	0.07	0.30
针对处境不利学生的学前教育项目	0.56	9	1018	1983	2004	0.08	0.52
校长／学校领导者	0.32	16	555	1991	2015	0.09	0.28
宗教学校	0.24	3	127	2002	2012	0.02	0.23
择校	0.12	1	22	2017	2017	0.00	0.12
学校氛围	0.32	9	427	2009	2016	0.06	0.31
学校效应	0.48	1	168	1997	1997	0.00	0.48
学校规模	0.43	1	21	1991	1991	0.00	0.43
单一性别学校	0.08	1	184	2014	2014	0.00	0.08
暑期学校	0.23	3	105	2000	2002	0.03	0.22
暑假	−0.02	2	78	1996	2003	0.05	−0.02
停学／开除学生	−0.20	1	24	2015	2015	0.00	−0.20

班　级

因素	效应量	元分析数	研究数	开始年份	结束年份	元分析标准误	（加权）效应量
能力分班	0.12	14	500	1982	2001	0.03	0.11
资优学生的能力分班	0.30	5	125	1985	1992	0.09	0.20
跳级	0.68	3	75	1984	2011	0.17	0.58
背景音乐	0.10	2	79	2010	2010	0.10	0.08
班级规模	0.21	4	113	1997	2009	0.06	0.14
课堂行为	0.62	5	252	1990	2014	0.13	0.60
班级凝聚力	0.44	4	104	1980	2007	0.16	0.53
班级管理	0.35	2	154	2003	2016	0.13	0.40
认知行为项目	0.29	1	5	2013	2013	0.00	0.29
咨询效应	0.35	7	367	1998	2012	0.13	0.29
减少破坏性行为	0.34	3	165	1985	2004	0.45	0.59
取消分轨	0.09	1	15	2010	2010	0.00	0.09
拓展项目	0.53	4	240	1989	2016	0.14	0.53

续表

因素	效应量	元分析数	研究数	开始年份	结束年份	元分析标准误	（加权）效应量
随班就读 / 全纳	0.27	8	197	1980	2016	0.07	0.36
辅导	0.12	4	152	2007	2012	0.05	0.17
混年级 / 混龄班级	0.04	3	94	1995	1998	0.05	0.04
不受班级欢迎	−0.19	2	38	2009	2010	0.05	−0.23
开放教室 vs. 传统教室	0.01	4	315	1980	1982	0.05	0.02
同伴影响	0.53	1	12	1980	1980	0.00	0.53
留级	−0.32	9	255	1983	2011	0.07	−0.30
校历 / 时间表	0.09	1	47	2003	2003	0.00	0.09
小组学习	0.47	7	209	1997	2017	0.03	0.45
班内分组	0.18	3	144	1985	2010	0.02	0.16

课　　程

因素	效应量	元分析数	研究数	开始年份	结束年份	元分析标准误	（加权）效应量
双语项目	0.36	12	371	1984	2016	0.10	0.53
职业生涯干预	0.38	3	143	1983	1992	0.09	0.34
下国际象棋	0.34	1	24	2016	2016	0.00	0.34
理解力项目	0.47	20	878	1985	2016	0.06	0.48
综合课程项目	0.72	14	495	1980	2014	0.17	0.93
概念转变项目	0.99	2	112	1993	2010	0.13	0.94
创造力项目	0.62	14	817	1984	2016	0.06	0.65
多元化项目	0.09	1	307	2017	2017	0.00	0.09
戏剧 / 艺术项目	0.38	12	756	1987	2016	0.06	0.41
置身于阅读之中	0.43	13	466	1995	2013	0.06	0.48
课外项目	0.20	12	293	1997	2014	0.05	0.22
综合 / 课程项目	0.47	3	89	2000	2011	0.07	0.46
未成年犯罪项目	0.12	1	15	2012	2012	0.00	0.12
数学教具	0.30	6	274	1983	2013	0.08	0.33
数学项目	0.59	26	1112	1978	2017	0.08	0.53
激励项目	0.34	4	175	1985	2016	0.06	0.36
基于音乐的阅读项目	0.37	2	50	2008	2013	0.04	0.36
户外 / 探险项目	0.43	4	194	1994	2008	0.09	0.49

续表

因素	效应量	元分析数	研究数	开始年份	结束年份	元分析标准误	（加权）效应量
知觉运动项目	0.08	1	180	1983	1983	0.00	0.08
自然拼读教学法	0.70	25	931	1988	2015	0.13	0.86
反复阅读项目	0.75	4	106	2002	2015	0.14	0.90
科学	0.48	19	1193	1979	2015	0.05	0.44
二次／三次机会项目	0.53	3	68	2000	2016	0.09	0.47
语句组合项目	0.15	2	35	1991	1993	0.04	0.13
社交技能项目	0.39	11	602	1987	2014	0.07	0.44
拼写项目	0.58	1	91	2013	2013	0.00	0.58
触觉刺激项目	0.58	1	19	1987	1987	0.00	0.58
计算器的使用	0.27	5	222	1986	2006	0.06	0.23
视知觉项目	0.55	6	683	1980	2000	0.13	0.66
词汇项目	0.62	12	487	1982	2013	0.07	0.66
整体语言教学法	0.06	4	64	1989	2000	0.23	0.13
写作项目	0.45	11	538	1984	2016	0.06	0.45

教　师

因素	效应量	元分析数	研究数	开始年份	结束年份	元分析标准误	（加权）效应量
微格教学	0.88	4	402	1981	1993	0.15	1.01
专业发展	0.41	18	1125	1980	2016	0.05	0.49
学生评教	0.50	6	152	1980	2008	0.05	0.49
教师清晰度	0.75	3	195	1991	2015	0.09	0.75
教师可信度	0.90	1	51	2009	2009	0.00	0.90
教师教育	0.12	5	106	2004	2010	0.01	0.12
教师效应	0.32	1	18	2004	2004	0.00	0.32
教师预估的学业成就	1.29	2	108	2012	2016	0.25	1.42
教师期望	0.43	8	674	1978	2007	0.09	0.57
教师绩效工资	0.05	1	40	2017	2017	0.00	0.05
教师的个性	0.25	4	56	1982	2017	0.03	0.26
教师学科知识	0.11	3	124	1983	2007	0.03	0.10
教师的语言能力	0.22	1	21	2009	2009	0.00	0.22
师生关系	0.52	5	388	1984	2013	0.10	0.63

续表

因素	效应量	元分析数	研究数	开始年份	结束年份	元分析标准误	（加权）效应量
教师不给学生贴标签	0.61	1	79	1985	1985	0.00	0.61
教师的沟通技巧和策略	0.43	1	23	2011	2011	0.00	0.43

教 学 策 略

因素	效应量	元分析数	研究数	开始年份	结束年份	元分析标准误	（加权）效应量
行为目标者／先前组织者	0.42	12	935	1978	2006	0.07	0.41
课堂讨论	0.82	1	42	2011	2011	0.00	0.82
认知任务分析	1.29	2	27	2004	2013	0.33	1.09
绘制概念图	0.64	9	1049	1984	2011	0.07	0.61
反馈	0.70	31	1463	1980	2015	0.30	0.70
目标承诺	0.40	3	103	1998	2011	0.04	0.44
目标难度	0.59	6	375	1984	2004	0.05	0.60
目标意图	0.48	2	179	2007	2015	0.18	0.41
目标	0.68	5	178	1986	2007	0.33	0.59
学习层级	0.19	1	24	1980	1980	0.00	0.19
掌握学习	0.57	13	683	1976	1990	0.05	0.60
同伴辅导	0.53	17	903	1977	2016	0.06	0.66
计划和预测	0.63	8	494	1987	2016	0.08	0.56
提供形成性评价	0.48	2	34	1986	2011	0.16	0.53
提问	0.48	8	241	1981	2009	0.08	0.46
干预反应法	1.29	3	58	2005	2016	0.10	1.34
设定自我判断的标准	0.62	2	156	2008	2008	0.00	0.62
测试的类型	0.12	2	26	2000	2015	0.04	0.11
志愿辅导员	0.26	1	21	2009	2009	0.00	0.26
样例	0.37	2	83	2006	2010	0.16	0.47

实 施 方 式

因素	效应量	元分析数	研究数	开始年份	结束年份	元分析标准误	（加权）效应量
辅助材料法	0.32	8	197	1981	2016	0.06	0.31
课后项目	0.40	1	23	2011	2011	0.00	0.40
点击器	0.22	2	81	2014	2016	0.13	0.17
合作/协同教学	0.19	2	136	1983	2001	0.12	0.07
协作学习	0.34	2	153	2009	2014	0.04	0.37
竞争学习 vs. 个体学习	0.24	4	831	1981	2000	0.09	0.27
综合教学改革	0.28	4	88	1996	2013	0.09	0.25
计算机辅助教学	0.47	40	2474	1977	2016	0.04	0.41
合作学习	0.40	19	579	1981	2015	0.04	0.47
合作学习 vs. 竞争学习	0.53	8	1031	1981	2013	0.05	0.58
合作学习 vs. 个体学习	0.55	5	959	1987	2013	0.11	0.62
直接教学	0.60	5	324	1988	2010	0.10	0.45
发现式教学	0.21	2	193	1987	2011	0.08	0.27
远程教育	0.13	15	901	1987	2011	0.04	0.11
游戏/模拟	0.35	18	797	1981	2016	0.04	0.33
家校项目	0.16	1	14	2002	2002	0.00	0.16
家庭作业	0.28	7	206	1984	2017	0.05	0.32
幽默	0.04	1	20	2006	2006	0.00	0.04
归纳教学	0.44	3	206	1983	2013	0.18	0.58
探究式教学	0.40	6	314	1983	2016	0.06	0.41
智能辅导系统	0.48	3	231	2013	2016	0.08	0.45
交互式视频法	0.54	6	372	1980	2013	0.04	0.52
对有学习需求的学生进行干预	0.77	3	343	1996	1999	0.09	0.71
拼图法	1.20	1	37	2014	2014	0.00	1.20
手机	0.37	4	254	2005	2017	0.05	0.39
一对一的笔记本电脑	0.16	1	10	2016	2016	0.00	0.16
在线数字工具	0.29	7	288	2008	2013	0.05	0.23
学校哲学项目	0.43	1	10	2007	2007	0.00	0.43
基于问题的学习	0.26	15	585	1993	2016	0.09	0.33
问题解决式教学	0.68	11	683	1980	2011	0.07	0.59
程序教学	0.23	8	493	1977	2000	0.04	0.24

续表

因素	效应量	元分析数	研究数	开始年份	结束年份	元分析标准误	（加权）效应量
交互式教学	0.74	2	38	1994	2003	0.00	0.74
脚手架	0.82	2	26	2012	2015	0.23	0.96
服务学习	0.58	3	39	2001	2012	0.13	0.55
特殊学院项目	0.21	5	429	1983	2014	0.07	0.26
创造性思维教学	0.34	2	458	2008	2015	0.01	0.33
教学策略	0.57	16	5784	1983	2011	0.07	0.63
远程教育技术	0.01	2	28	2003	2007	0.01	0.02
在数学教学中使用技术	0.33	18	865	1981	2014	0.04	0.31
在其他学科的教学中使用技术	0.55	3	96	1992	2003	0.14	0.58
阅读／识字方面的技术	0.29	15	652	2000	2015	0.04	0.25
在科学教学中使用技术	0.23	6	391	1980	2007	0.04	0.18
在小组中使用技术	0.21	3	193	2001	2004	0.05	0.17
在写作教学中使用技术	0.42	3	70	1991	2003	0.04	0.43
面向大学生使用技术	0.42	11	2471	1980	2014	0.06	0.33
面向小学生使用技术	0.44	6	264	1984	1993	0.04	0.44
面向高中生使用技术	0.30	9	681	1983	2009	0.01	0.30
面向有特殊学习需求的学生使用技术	0.57	4	114	1986	2003	0.09	0.62
使用演示文稿	0.26	1	12	2006	2006	0.00	0.26
视觉／视听方法	0.22	6	359	1979	2000	0.10	0.10
基于网络的学习	0.18	3	136	2002	2007	0.03	0.16

学 习 策 略

因素	效应量	元分析数	研究数	开始年份	结束年份	元分析标准误	（加权）效应量
性向与处理的交互作用	0.19	2	61	1987	1989	0.06	0.22
刻意练习	0.79	3	161	1983	2014	0.35	0.49
努力管理	0.77	1	15	2014	2014	0.00	0.77
精细化与组织	0.75	1	50	2014	2014	0.00	0.75
精细化提问	0.42	51	24	2013	2013	0.00	0.42
评价和反思	0.75	1	54	2014	2014	0.00	0.75

续表

因素	效应量	元分析数	研究数	开始年份	结束年份	元分析标准误	（加权）效应量
寻求帮助	0.72	2	83	2008	2008	0.09	0.66
使用图像	0.45	1	12	2008	2008	0.00	0.45
个性化教学	0.23	12	670	1977	2010	0.04	0.23
交叉练习	0.21	1	12	2013	2013	0.00	0.21
学习风格匹配	0.31	13	685	1985	2016	0.08	0.31
元认知策略	0.58	7	450	1988	2015	0.05	0.52
记忆术	0.76	4	80	1987	2013	0.25	0.78
记笔记	0.50	7	160	1985	2016	0.09	0.41
概述和转述	0.66	4	193	1999	2014	0.13	0.75
模拟测试	0.54	13	875	1984	2014	0.11	0.51
录音	0.52	3	185	2008	2013	0.03	0.51
复述和记忆	0.73	3	132	1999	2014	0.30	0.57
自我调控策略	0.52	7	701	2005	2013	0.06	0.45
出声思考 / 自我提问	0.55	9	463	1985	2013	0.06	0.62
分散练习 vs. 集中练习	0.42	1	24	2013	2013	0.00	0.48
策略监控	0.58	2	235	2008	2014	0.10	0.54
结合先前知识的策略	0.93	1	10	2008	2008	0.00	0.93
以学生为中心的教学	0.36	3	349	2007	2014	0.09	0.35
学生掌控学习	0.02	54	164	1992	2014	0.02	0.02
学习技巧	0.46	11	659	1979	2013	0.08	0.46
总结	0.79	3	170	1985	2013	0.13	0.90
任务价值	0.46	1	6	2010	2010	0.00	0.46
教授应试技巧和辅导	0.30	12	286	1981	2015	0.06	0.26
任务时间	0.44	11	326	1976	2014	0.11	0.50
迁移策略	0.86	5	211	2000	2013	0.16	0.75
划线和高亮	0.50	1	16	2013	2013	0.00	0.50

出 版 人　郑豪杰
责任编辑　王　瑞
版式设计　郝晓红
责任校对　贾静芳
责任印制　叶小峰

图书在版编目（CIP）数据

透视可见的学习／（新西兰）约翰·哈蒂
（John Hattie），（德）克劳斯·齐雷尔（Klaus Zierer）
著；施芳婷，伍绍杨译. — 北京：教育科学出版社，
2023.6（2024.4 重印）
　书名原文：Visible Learning Insights
　ISBN 978-7-5191-3352-8

　Ⅰ. ①透…　Ⅱ. ①约…　②克…　③施…　④伍…　Ⅲ.
①教学研究　Ⅳ. ① G420

中国国家版本馆 CIP 数据核字（2023）第 020990 号

北京市版权局著作权合同登记　图字：01-2023-1671 号

透视可见的学习
TOUSHI KEJIAN DE XUEXI

出 版 发 行	教育科学出版社
社　　　址　北京·朝阳区安慧北里安园甲 9 号	邮　　编　100101
总编室电话　010-64981290	编辑部电话　010-64981280
出版部电话　010-64989487	市场部电话　010-64989009
传　　　真　010-64891796	网　　址　http://www.esph.com.cn

经　　　销　各地新华书店	
制　　　作　北京浪波湾图文设计有限公司	
印　　　刷　三河市兴达印务有限公司	
开　　　本　720 毫米 × 1020 毫米　1/16	版　　次　2023 年 6 月第 1 版
印　　　张　10.75	印　　次　2024 年 4 月第 3 次印刷
字　　　数　180 千	定　　价　38.00 元